DESIGN THINKING

PROJECT GUIDE BOOK

Design Thinking Project Guide Book

발 행 | 2019년 9월 18일
저 자 | 유구봉
펴낸이 | 한건희
펴낸곳 | 주식회사 부크크
출판사등록 | 2014.07.15(제2014-16호)
주 소 | 서울특별시 금천구 가산디지털1로 119 SK트윈타워 A동 305호
전 화 | 1670-8316
이메일 | info@bookk.co.kr

ISBN | 979-11-272-8314-8

www.bookk.co.kr

DESIGN THINKING
PROJECT GUIDE BOOK
디자인씽킹 과제수행을 위안 지짐서

유구봉 지음

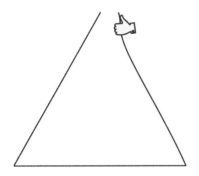

BOOKK

CONTENT

머리말

이 책은 Design Thinking을 활용하여 과제를 수행하는데 도움을 주고자
만들게 되었습니다.

막상 과제를 수행하려고 하면 어디서부터 어떻게 해야 할지 잘 모르는 경우가
많습니다. 여러가지 책을 참고해 보기도 하지만 개념 설명이나 일반화된 내용이
대부분인 경우가 많아서 실전에서는 사용하기에 까다롭기도 합니다. 따라서
과제 수행 시 이 책을 단계별로 따라하며 진행을 하면, 큰 어려움 없이 과제
수행을 완료하는데 도움이 될 수 있도록 하였습니다.

특히, 각 단계별로 주어지는 사례들은 포스코 인재창조원에서 교수로 활동하며
진행하였던 Design Thinking 과제수행 중 직접 코칭이 이루어졌던 사례들로
구성하였습니다. 과제수행에 도움이 되도록 최대한 많은 작성 사례들과 상세한
설명을 수록하였습니다.

Design Thinking을 처음 접하는 사람부터 어느 정도 알고 있으나 실제 과제
수행 시 어떻게 해야 할 지 망설여지는 사람까지 모두 활용 가능 하도록
하였습니다.

단계별로 개념 이해와 더불어 제공되어지는 Tool과 사례를 활용하여 과제를
수행하시기 바랍니다.

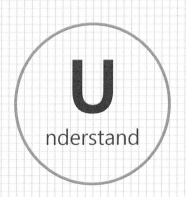

U

nderstand

Understand_이해하기

· UNDERSTAND PROCESS ·

Mindsets/Process   유사성검색   과제범위설정

주제선정   데스크리서치

Design Thinking은 간단히 말해 디자이너의 사고방식이라 할 수 있습니다.

미국 디자인 기업 IDEO의 디자이너가 일하는 방식을, 스탠포드 대학의

d.School에서 프로세스를 정립하며 세상에 알려지게 되었습니다. 현재 혁신을

위한 사고방식으로 전 세계 여러 곳에서 사용되고 있으며, 우리 또한 과제

수행을 위한 도구로서 사용하고 있는 것입니다. IDEO 창업자 David Kelley는

Design Thinking에 대해 "인간을 생각의 중심에 두고 인간에 대한 공감을

통해서 새로운 문제점을 찾아내고 해결하여 혁신하는 사고방식과 Tool들의

집합" 이라고 말합니다. 서비스를 사용하는 수요자에 대한 진정한 공감과

다양한 구성원들의 창의적이고 융합적인 상호작용을 통해 문제를 해결해 나가는 문제해결 방법론이기도 하며 다양한 솔루션의 제안이 가능합니다.

Design Thinking은 세가지 관점들을 고려하여 솔루션을 제안하여야 합니다.

1.적합성(Desirability) : 수요자가 진정으로 바라는 것인가?

2.실현가능성(Feasibility) : 기술적으로나 현실적으로 실현 가능한 것인가?

3.지속성(Viability) : 환경적, 경제적으로 지속 가능한 것인가?

⚛ 개념이해

사용되어지는 용어의 정리
본문에서 대표적으로 사용되는 다음 용어는 아래 내용을 포함하고 있습니다.

[서비스] : 상품, 제품, 정책, 제도 등   **[수요자]** : 고객, 사용자, 소비자 등

Mindsets

어린시절 자전거를 처음 배울 때가 기억 납니다. 페달에 발을 올리고, 중심을 잡으려고 안간힘을 쓰지만 넘어지고 또 넘어지며 시행착오를 겪다가 결국 어느 순간 제대로 내 몸과 자전거가 하나가 되어 편안히 자전거를 타게 됩니다. Design Thinking은 자전거를 배우는 것과 같습니다. 자전거 타는 방법을 지식으로 배운다고 해서 잘 탈 수 있는 것은 아닙니다. 계속적인 연습(경험)을 통해 나의 몸이 자전거를 탈 수 있게 받아들여야 하는 것입니다.

Design Thinking의 Mindsets은 다음의 6가지로 정리할 수 있습니다.

1.FOCUS ON HUMAN VALUE

수요자의 실패 요인과 해결 방법을 찾아 사람에게 필요한 가치를 제공 해야 합니다.

2.RADICAL COLLABORATION

획기적인 통찰력은 다양한 배경과 관점을 가진 사람들과의 협력에서 생겨납니다.

3.BE VISUAL

다이어그램, 스케치 등을 통해 아이디어를 눈으로 볼 수 있게 시각화 하여 선명하게 합니다.

4.BIAS TOWARDS ACTION SHOW DON'T TELL

문제가 아니라 해결책을 생각해야 합니다.

5.DEFER JUDGMENT YES AND (BUILD ON OTHERS' IDEAS)

독창성을 갖기 위해서는 신뢰가 우선입니다. 먼저 아이디어를 내고, 후에 평가해야 합니다.

6.CRAFTING CLARITY EMBRACE EXPERIMENTATION

창의적인 과정에 애매 모호함이 있을 수 있지만 계속적인 실험을 통해 배워야 합니다.

Design Thinking 과제수행 Process

· DESIGN THINKING PROCESS ·

Empathize — Define — Ideate — Prototype — Test

1.Empathize 공감하기

관찰 및 인터뷰 등을 통해서 해당 서비스에 대한 수요자의 욕구를 수집하고,

행동 뒤에 숨겨진 보이지 않는 욕구까지 발견하는 단계입니다.

2.Define 문제 정의하기

수집된 자료들을 토대로 핵심 요인을 도출하고, 수요자에게 가치를 전달 할 수

있는 진짜 문제를 정의하는 단계입니다.

3.Ideate 아이디어 발상하기

정의된 문제를 바탕으로 해결 가능한 많은 양의 해결안을 발굴해보고 해결 할

최종 서비스의 컨셉을 확정하는 단계입니다.

4.Prototype 프로토타입 만들기

머리 속의 아이디어를 시각화 하여 수요자에게 테스트 하기 위해 프로토타입을

제작하는 단계입니다.

5.Test 수요자 테스트 하기

제작된 프로토타입을 수요자에게 테스트하여 피드백을 받는 단계입니다.

주제선정

과제를 본격적으로 시작하기 전에 수행 과제의 주제를 선정하여야 합니다.

1.주제 아이디어 도출

① 다수의 팀원이라면 그룹별로 나누어 브레인스토밍을 합니다.

② 그룹별로 주제에 대한 아이디어를 도출합니다.

2.주제 선정 투표

① 주제 아이디어를 모두 모읍니다.

② 같은 종류의 주제들끼리 묶어 그룹을 만듭니다.

③ 각 팀원들에게 Dot Sticker를 나누어 줍니다.

④ 각 팀원들은 각 주제에 대해 1~3개의 Dot Sticker로 투표를 합니다.

⑤ 가장 많이 기표 된 주제로 선정합니다.

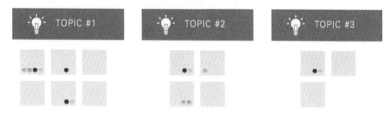

유사성 검색

수행 과제의 대부분은 세상에 없는 고유한 문제가 아닐 가능성이 높습니다. 아마 다른 분야의 사람들이 우리가 고민하고 있는 과제에 대해 이미 고민을 하고 있을 가능성이 높다는 이야기 입니다. 심지어 이미 해결 방안이 모두 나와 있는 경우도 많아서, 어쩌면 과제를 수행하기 보다 다른 영역에 이미 존재하는 기존의 솔루션에 대해 찾아 보고 활용하는 것이 훨씬 유용할 수도 있습니다. 또한, 그대로 사용하기 어렵다면 유사한 내용을 찾아 또 다른 사고와 융합하여 아이디어를 도출한다면 좀 더 창의적인 해결 방안이 나 올 수 있습니다.

1.미디어를 통한 유사성 검색

　① 신문 방송 등의 관련분야 기사 및 언론 보도내용을 검색합니다.

　② 국·내외 관련 인터넷 자료를 검색합니다.

2.출판물을 통한 유사성 검색

　① 해당 분야 간행물, 관련 학회 논문 및 학위 논문을 검색합니다.

　② 기관, 학회 및 기업의 관련 연구자료를 검색합니다.

3.특허를 통한 유사성 검색

　① 해당 분야 특허를 검색합니다.

　② 검색사이트 : 특허정보넷 키프리스(http://kipris.or.kr) 등

데스크 리서치

본격적인 과제 수행 전 유사성 검색과 더불어 Desk Research를 통해 과제 수행에 필요한 통계자료, 관련 환경, 관련제도, 방향성 등에 대해 검토합니다.

데스크 리서치를 통해 얻을 수 있는 것은 다음과 같습니다.

① 통계 자료 등을 통해 과제의 당위성을 파악할 수 있습니다.

② 수요자가 겪고 있는 고통을 사전에 파악하여 공감 단계에서 조사해야 할 내용을 파악할 수 있습니다.

③ 현재 나타나고 있는 과제 관련 환경을 파악하여 과제의 방향성을 확인 할 수 있습니다.

[사례] 데스크 리서치

[과제명: 1인 가구 편의 개선]

1인 가구의 증가 추세 및 소비 지출 성향에 관한 자료조사 사례입니다.

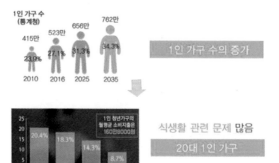

[사례] 데스크 리서치

[과제명: 스좀비족의 교통섬 진입 횡단보도 사고 감소 방안]

사진, 동영상, 직접 그린 그림 등을 활용한 사례입니다.

출처:JTBC

교차로의 길이를 짧게 만들어 보행자의 안전과
우회전하는 차량의 편의를 도모한 **교통섬**,

보행자의 안전이 지켜지지 않고 있다.

[사례] 데스크 리서치

[과제명: SPA 브랜드 Fitting 편의 개선]

2030세대에 대한 사회 환경 등의 자료조사 사례입니다.

2030세대
10명 중 8명. N포세대

20~30대 성인남녀 955명 설문조사 [자료제공:사람인]

취업난과 경제적 어려움 등으로 포기한 것이 있는지 여부

75.7%
포기한것있다

24.3%
포기한 것 없다

2030 사회초년생 대출

*20~30대 입사 3년 이내 직장인 대상
*소액대출=300만원 이하 대출

월 부채 상환액	58만원
상환 기간	4.9년
부채 잔액	3391만원
소액대출 이용률	61.20%
소액대출 이용 이유	생활비(교육비)가 부족해서(44.8%)

*자료: 신한은행
그래픽: 유정수 디자인기자

30~34세 혼인율 및 출산율 변화

*해당 인구 천명당

121.9명

출산율(여자)

91.4건

63.4건

혼인율(남자)

55.9명

2012년   2018년(잠정)

*자료: 류기화
그래픽: 이승현 디자인기자

[사례] 데스크 리서치

[과제명: Silver Zone 기능 활성화]

노인 보호구역에 대한 법규에 대해 조사한 사례입니다.

과제에 해당되는 법규를 조사하는 것도 매우 중요한 부분입니다. 차후 법규

내에서 개선하거나 법규 자체를 개선하는 방안이 도출 될 수도 있기 때문입니다.

노인이 주로 방문하는 곳
→ 시장, 양로원, 요양병원
노인들의 통행량이 많은 구역
→ 의료시설, 여가시설, 생활 체육시설, 공원 앞

실버존 내의 제한 속도는 **30km/h** 이내로
교통법규 위반 시 벌점이 일반도로보다 **2배 가중**

『도로교통법』제12조의 2항
"시장 등은 교통사고의 위험으로부터 노인을 보호하기 위하여
필요하다고 인정하는 경우 시설의 주변도로 가운데 일정 구간을
노인보호구역으로 지정하여 차량의 통행을 제한하거나 금지하는 등
필요한 조치를 할 수 있다."

[사례] 데스크 리서치

[과제명: 1인 가구 편의 개선]

특정 지역의 사거리 일대 1인 가구의 현황을 위성 사진으로 전체적인 내용 파악 후 현장 관찰 시에 세부 내용을 조사한 사례입니다.

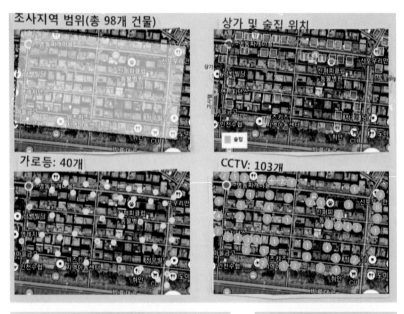

[사례] 데스크 리서치

[과제명: ○○○ 해수욕장 이용객의 삶의 질 개선]

과제에 대한 여러 환경을 조사한 사례입니다.

포항의 대표적 관광지이자 다양한 고객이 사용하는 장소로 문제 발견 용이,
해결 시 고객의 삶의 질 개선에 직접적인 영향 부여할 것으로 예상

서비스, 이해관계자, 트렌드 중심으로 영일대 해수욕장에 대한 전체적인 이슈 파악 후
수요자의 3가지 터치포인트로 환경,시설,관광서비스 선정

서비스	이해관계	트렌드
유형서비스	**공급**	**SNS**
-영일대, 영일교	-포항시청	
-장미정원	-해양수산청	**여행**
-자전거길	**수요**	
무형서비스	-시민	**소확행**
-불꽃축제	-관광객	
-관광	**수익구조**	
홍보	-상권	
	-샤워실,화장실	

환경/ 시설/ 관광서비스 측면에서 현장조사 실시 계획 필요

해수욕장 구성요소

- 사전적의미 '해수욕을 할 수 있도록 환경과 시설이 갖추어진 바닷가'
- 쾌적한 환경적 조건을 갖춘 곳
- 접근이 용이하고 편리한 시설조건을 충족하는 곳
- 피서객을 위한 관리, 보안시설 구비
- 값싸게 즐길 수 있는 안전성이 확보된 곳
- 문화 공간 및 이벤트가 구비 된 곳

과제 범위 설정

과제 범위 설정은 현장 조사 후 발견한 수요자의 니즈를 해결하기 위해 앞으로 집중해야 하는 핵심 서비스 대상을 결정하는 방법론입니다.

Design Thinking의 속성상, 수요자에게서 솔루션을 찾는다는 점에 초점을 두고 과제 범위를 설정하는 것이 중요합니다.

SIPOC 모델을 통해서 과제 범위를 한눈에 알아볼 수 있도록 설정해 줍니다.

S:upplier(공급자)   I:input(투입)   P:process(과정)

O:output(산출)   C:customer(수요자)

[양식] 과제 범위 설정

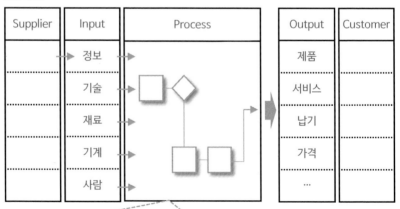

SIPOC

Supplier	Input	Process	Output	Customer
	정보		제품	
	기술		서비스	
	재료		납기	
	기계		가격	
	사람		...	

프로세스(Process)란?
한 종류 혹은 그 이상의 투입요소(Input)를 받아서 고객(Customer)에게 가치(Value)있는 성과(Output)를 창출하는 활동.

[사례] 과제 범위 설정

[과제명: ㅇㅇㅇ 쇼핑몰 고객 편의 증대]

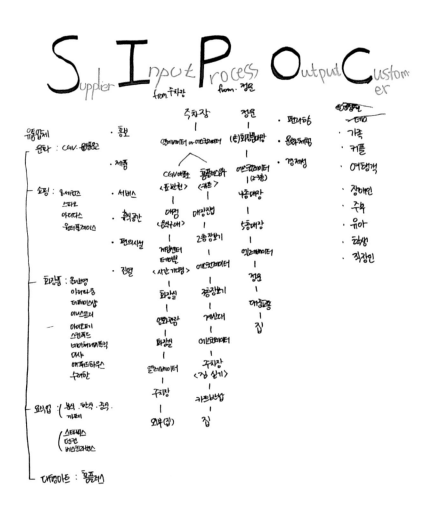

[사례] 과제 범위 설정

[과제명: 대형 마트 편의 개선

Process, Output 내용을 하위 서비스별(쇼핑/식사/문화센터)로 나누어 작성한 사례입니다.

이렇게 구분하여 작성하면 서비스에 대한 세분화가 가능하고, 하위 서비스의 연관성을 찾거나 비교를 해 볼 수 있습니다.

[사례] 과제 범위 설정

[과제명: ㅇㅇㅇ 마트 편의 개선]

필요한 부분을 그림으로 도식화 하여 이해력을 높인 사례입니다.

[사례] 과제 범위 설정

[과제명: Silver Zone 기능 활성화]

과제에서 제시되는 용어를 명확화 하는 사례입니다.

과제의 전체적인 범위를 확정 짓는 것도 중요하지만 과제에서 제시되는 용어들

자체에도 모호한 개념이 있을 수 있으므로 용어 정의를 명확히 해주면 본

과제에서 무엇을 하고자 하는 것인지 인지하기 쉬워집니다.

노인보호구역,
노인복지시설 등의 주출입문을 중심으로
반경 300m 이내의 도로로서 노인보호구역으로
지정된 도로

[활용] 비즈니스 모델 캔버스(Business Model Canvas)

비즈니스 모델 캔버스(Business Model Canvas)는 전체적인 서비스 구조를 파악하는데 활용 가능합니다.

과제(서비스) 명:

핵심 파트너십
- 주요 파트너/공급자

핵심 활동
- 수요자에게 가치를 전달하는 활동
- 제공되는 제품/서비스
- 제공 플랫폼, 네트워크 등

핵심 자원
- 제안할 수 있는 가치에 필요한 자원

가치제안
- 수요자에게 충족시켜 주고 싶은 욕구
- 수요자에게 제공하고 있는 가치

수요자 관계형성/유지
- 수요자와 연결되어 있는 방식

채널
- 수요자와 연결되고 있는 경로

수요자
- 가장 중요한 수요자

비용구조
- 가장 많은 비용을 필요로 하는 것

수익원
- 매출을 얻어낼 수 있는 부분
- 수요자가 지불하고 싶어하는 가치

[사례] 비즈니스 모델 캔버스

[과제명: 인천 지하철 편의 개선]

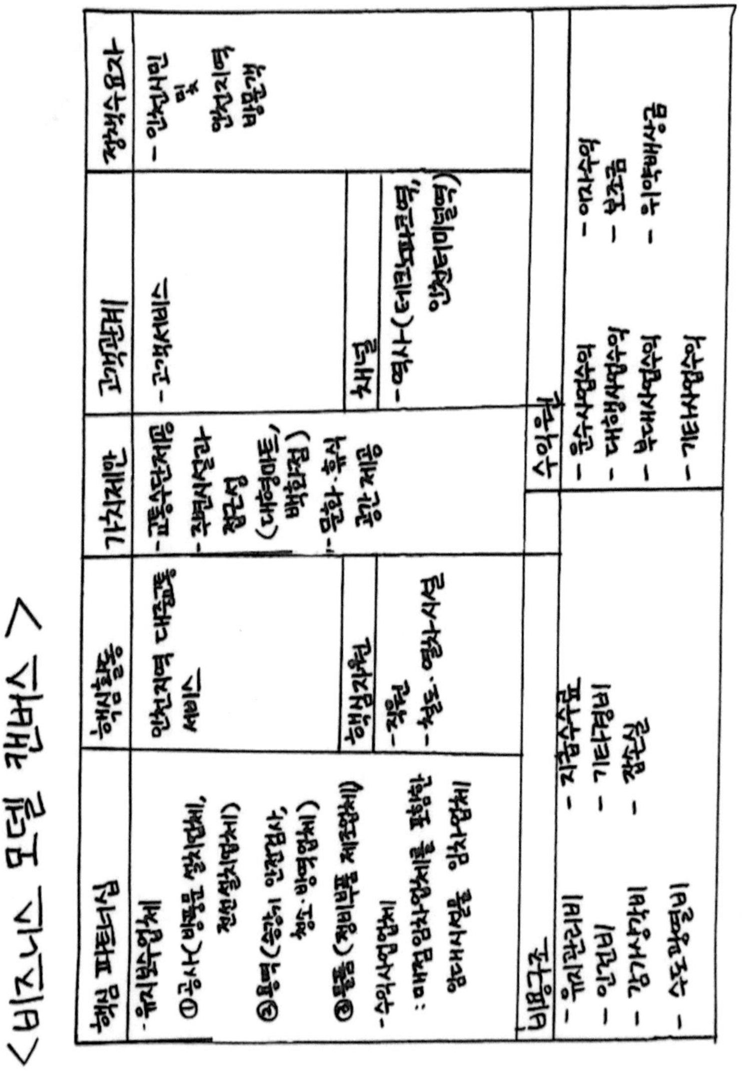

[사례] 비즈니스 모델 캔버스

[과제명: ㅇㅇㅇ 마트 편의 개선]

비즈니스 모델 캔버스로 분석 후 Key Point를 별도로 정리한 사례입니다.

ㅇㅇㅇ마트가 가치를 창출, 전달, 획득하는 통합적 매커니즘을 아래와 같이 **9가지 요소**로 나눔

서비스 품목/flow	서비스 가치 제안	서비스 반응
사람(People) 제품(Product) 과정(Process) 간소화	저비용 운영으로 가격경쟁력 원스톱 쇼핑 새로운 쇼핑경험제공	식품 업계 최대 매출
공급자 계층/욕구	**수요자 계층/욕구**	**우수사례(국,내외)**
제조기업 · 입점업체 · 물류업체 매장인원의 최소화 임시직원의 채용 운영비용 절감 제품의 빠른 회전과 대량공급으로 수익창출	30~50대 위치 접근성 상품 · 시설 만족도 (내부, 편의시설, 주차시설) 새로운 쇼핑경험 (이벤트,기술)	amazon go Bingo Box 缤果盒子
시장동향	**사회/기술 트렌드**	**서비스(터치포인트)변화**
시장포화상태 온라인쇼핑 발달 배송서비스 발달	빅데이터활용 IT기술의 적용 (무인계산대, AI안내로봇)	편리함 온라인에서 구매하고 오프라인 에서 픽업/ 집앞까지 배송받는 서비스 확대

▼

Key Point

① **서비스 품목**의 제품(Product)에 주목해서 **상품구색**의 키워드를 추출함

② **서비스 가치제안**에서 새로운 쇼핑 경험 제공에 주목해서 **서비스**라는 키워드를 추출함

③ **수요자 계층**의 상품, 시설 만족도에 주목해 **편의성**이라는 키워드를 추출함

④ **수요자 계층**의 새로운 쇼핑 경험에 주목해 **마케팅**이라는 키워드를 추출함

[사례] 비즈니스 모델 캔버스

[과제명: ㅇㅇㅇ 종합 쇼핑몰 매출 증대]

비즈니스 모델 캔버스를 통해 서비스에 대한 구조를 파악하고 그에 따라 현장 관찰을 준비 한 사례입니다.

	얻어야 할 것	해야할 것	담당자
고객	주요 고객층 분석	입장 & 매장 내 고객 심층 관찰	ㅇㅇ, ㅇㅇ
공간	주요 이동루트	A동 → D동 / D동 → A동 루트를 따라서 고객들의 이동경로 파악	ㅇㅇ, ㅇㅇ
서비스	불편사항	고객들이 느끼고 있는 불편 사항들을 예상해보기 (표정 & 태도관찰)	ㅇㅇ, ㅇㅇ

BM캔버스에서 도출된 주요 사항을 바탕으로 현장조관찰 준비

E
mpathize

Empathize_공감하기

· EMPATHIZE PROCESS ·

현장관찰 　　　　이해관계자 맵 　　　　심층인터뷰

인터뷰 　　　　새도잉

공감하기 단계에서는 수요자들이 가지고 있는 내면의 니즈, 깊숙한 바램, 그들의 소원들을 이해하는 것에서 시작합니다. 공감을 하는 방법은 직접 체험이나 관찰이 가장 중요하며, 이를 보완하기 위하여 인터뷰를 활용합니다.

인간 중심의 혁신 프로세스인 Design Thinking의 시작 단계로서, 해결해야 할 문제를 올바르게 정의하기 전에 반드시 거쳐야 할 단계입니다. 주의해야 할 점은 나의 생각을 검증하는 것이 아니라, 상대방의 경험을 있는 그대로 보고 듣는 것이 중요합니다.

STEP 1

현장 관찰

현장 관찰은 도출된 과제의 주제에 해당되는 서비스가 제공되는 현장을 직접 찾아가서 현장의 모습을 관찰하고, 각각의 수요자들이 갖고 있는 욕구의 공통점들을 직관적으로 빠르고 정확하게 발견할 수 있는 방법입니다. 현장에서 다양하게 이루어지는 서비스의 제공 방법, 수요자들의 행동 등을 관찰하고 서로 비교하거나, 간단한 인터뷰를 통해 수요자의 욕구를 찾을 수 있습니다. 또한 직접 체험을 하며 과제에 대한 전반적인 상황을 파악할 수 있습니다.

1.현장 관찰 준비

① 수요자가 서비스를 경험하는 장소를 선정합니다.

② 현장 위치를 파악합니다.

③ 현장에 방문하는 이동(교통) 방법을 결정합니다.

④ 현장 관찰에 필요한 물품을 준비합니다.(노트, 카메라, 녹음기 등)

⑤ 누가, 어디서, 무엇을 관찰할 것인지 역할을 분담하고 현장 관찰 계획서를 작성합니다.

2.현장 관찰 계획

① 장소 : 관찰을 하기 위해 방문하는 장소를 작성합니다.

② 일자 : 현장을 방문하는 일자를 작성합니다.

③ 관찰항목 : 수요자 욕구를 발견하는데 필요한 예상 관찰 항목을 작성합니다.

④ 내용 : 관찰해야 할 구체적인 내용을 작성합니다.

⑤ 행동 : 예상되는 수요자의 행동을 작성합니다.

⑥ 담당자 : 관찰자의 장소 및 역할을 구분하여 담당자를 작성합니다.

[양식] 현장 관찰 계획서

• 장소 :
• 일자 :

관찰항목	내용 / 행동	담당자
	• 내용	
	• 행동	

[과제명: ○ ○ ○ 수산시장의 파리 퇴치 방안]

현장관찰 계획서

장소 = 소래포구 수산시장
일자 = 2019.06.17(MON)

관찰 항목	내용 / 행동	담당자
- 청결/위생	- 수산물의 외부 노출 → 구매욕구하락 - 벌레가 꼬일 것 ┘ 신선도 하락	A조
- 배수	- 바닥 물고임 ↳ 물을 피해 다녀야 하는 불편함	B조
- 낙후된 시설	- 편의시설 낙후 → 화장실/주차장 - 화재 위험성 → 합선위험	C조

[사례] 현장 관찰 계획서

[과제명: 커피숍 트레이 과적 해소]

현장 관찰 계획서

관찰항목	내용 / 행동	담당자
① 고객	• 쌓인 상황에 대한 반응 → 얼굴 찌푸림, 머뭇거림, 두리번 거릴것이다. • 안쌓여 있을때 정리하는 반응 → 정리를 해서 둔다, 트레이에 둔다, 그냥 위에 둔다. • 음료 정리 유무 → 음료를 버리고 간다. or 안버리고 간다. • 정리 칸에 넣는지 유무 → 정리칸에 넣는다 or 안넣는다.	
② 직원	• 치우는 횟수 → 시간을 정해서 치울것이다. 접시나 컵이 부족한 때 치울것이다. • 한번에 치울수 있는 양 → 정리해서 한번에 들고갈것이다 or 그냥 여러번 가져다 둘것이다. • 알바 생 수 → Peak time 에 가장 많을것이다. • 얼마나 바쁜지 (음료제조, 나오는 속도, 일을 하는지 노는지) → 평균으로는 5분이내, Peak시간에 는 10분내에 나올것이다.	

[과제명: 택배 테이프 제거 편리성 향상]

현장 관찰 계획서

- **장소** : 우체국, 대형마트, 다이소
- **일자** : 2019. 06. 17

관찰항목	내용/행동	담당자
택배 포장방식	· 어떤 방식으로 테이핑 하는지? → 십자형이나 일자형으로 할 것이다. · 어떤 테이프 종류를 사용하는지? → 주로 박스테이프를 사용할 것이다.	
택배 분해작업	· 어떤 도구를 사용하는지? → 칼을 사용해 분해할 것이다.	

3.현장 관찰 결과

① 관찰 내용 : 방문한 현장에서 관찰한 내용을 작성합니다.

- 행동 : 예상치 못한 행동이나 반복적인 행동 등
- 언어 : 무의식 중에 발생하는 언어를 인용문의 형태대로 기술

  * 인용문은 나중에 더욱 실제적인 사실로 남아 수요자의 숨겨진 욕구를

    발견하는데 큰 도움이 됩니다.

- 시설(제품) : 시설, 장치, 제품 등이 어떻게 사용되어 지는지, 무엇이 자주

  고장이 나는지, 불편한지 등을 상세히 관찰하여 기술

② 해석 : 관찰 내용을 토대로 특이점이나 패턴 등을 분석하고, 어떤 의미나

영향이 있는지 해석합니다.

[양식] 현장 관찰 결과서

- 장소 :
- 일자 :

관찰 내용	해석

[과제명: 아파트 분리수거 환경 개선]

현장 관찰 결과서

· 장소 : 아주, 동남, 무지개 마을, 풍림 아이원, 현대 APT

· 일자 : 2019년 8월 13일 화요일

〈관찰 내용〉 - 분리수거	〈해석〉
1. 종류 별로 분리수거 할 수 있도록 비닐이나 포대가 준비되어 있었다.	1. ┌ 종류별로 수거하기 위해서 └ 가져갈 때 편리함
2. 음식물 수거함 보다 반납률이 현저히 적었다.	2. ┌ 공간적인 문제 ├ 분리수거는 사후처리가 필요해서 └ 자원의 가치의 차이
3. 날짜, 요일(분리수거)이 아닌 날은 비닐이나 포대 등이 준비되어 있지 않았다.	3. ┌ 중앙관제실만 있어서 매일 버리면 ├ 관리해줄 사람이 없다. └ 계속 놔두면 미관상 좋지 않아서
4. 플라스틱 수거함이 다른 것보다 컸다.	4. ┌ 플라스틱의 부피를 쉽게 줄일 수 없어서 └ 플라스틱 사용량이 많아서
5. 납작하게 펴진 박스도 있고, 안 펴진 박스도 있었다.	5. - 귀찮아서 그냥 버리기 때문에
6. 꽉 찬 포대들은 옆에 쌓여 있었다.	6. - 수거차가 정해진 날에만 와서
7. 편한차림으로 나온 아주머니께서 직접 분리수거를 하고 있었다 (박스 해체 등)	7. - 관리해주는 사람이 없어서
8. 폐식용유, 건전지, 형광등 수거함이 있었다.	8. - 플라스틱 등의 자원과 가치에서 차이가 있기 때문 (특수한 취급업체만 있을 것 같음)

[과제명: 아파트 분리수거 환경 개선]

현장 관찰 결과서

- 장소 : 송도 에듀포레 푸르지오
- 일자 : 2019. 08. 13

〈관찰 내용〉 　　　　　　　　　〈해석〉

1. 최신식 분리수거 시설
   - 다양한 분류 : 폐식용유, 폐형광등 - 수거의 편리함을 위해
   - 손 닦는 시설 - 이용객의 위생을 위해
   - 미관상 흉고, 악취가 나지 않음. 단지의 이미지 향상

2. 소방차 전용 주차구역 → 접근성에 대한 의문
   안전사고에 대한 대비는 좋으나 단지 내 차량이동 불가에 따른 접근성의 의문

3. 편의시설 : 자전거 거치 시설, 펌프 - 단지 내 자전거 전용도로 공간이 꽉 찰 정도로 이용률이 높음
   무인택배함 - 라인마다 설치되어 있음. 입주민·택배기사의 편리함 / 분실율 저하.
   복합 편의시설 - 도서관, 운동시설, 문화 시설 입주민 편의

4. 교통 & 안전 : 오토바이 지상 접근 금지 사고방지, 소음방지
   경비업체 (세콤) 보안 강화, 전문성 강화

5. 아동 관련 시설 : 키즈 스테이션 - 픽톤치드 → 사고방지, 날씨 영향 줄이기 위해
   쾌적한 환경 (에어컨, TV, 의자) 커뮤니티 형성 시간 단축, 편의
   어린이집

6. 흡연자를 위한 공간부족 공간이 부족하여 눈치껏 핑, 길가 흡연

[사례] 현장 관찰 결과서

[과제명: 커피숍 트레이 과적 해소]

관찰 중 시간, 횟수 등을 기록하고 설문 등을 통하여 데이터화 한 사례입니다.

현장 관찰 결과서

- 장소 : 커피숍 / - 일자 : 2019.06.17

관찰내용

(고객)

① 쟁반한 사용여부 — 54% (X) / 46% (O)

② 식기정리 — 60% (X) / 40% (O)

③ 쓰레기 분리수거 — 57% (X) / 43% (O)

④ 재활용 쓰레기 분리수거 여부 — 62% (X) / 38% (O)

⑤ 음료분리 수거 여부 — 60% (X) / 40% (O)

(직원)

① 음료 나오는 시간 최대 15분,
  최소 2분
  음료 나오는 시간 약 1~2분

② 매장 2번에 걸쳐서 치움
  정리도중 많은 아동이 자주 떨어짐

③ 직원이 인식했음에도 바로 정리 X

④ 손님이 음료를 다 마신후 직원에게
  가져다 줬는데 오히려 반납대에 갖다달라함

⑤ 머그잔을 따로 놓을 수있는 공간이 있는데
  이용인원이 굉장히 적음

해석

- 쟁반잔이 눈에 띄지 않아, 활용도 낮음
- 쟁반잔 中 맨 아래칸 활용도 낮음
- 카페내 일회용 컵 사용 증가로 인해
  재활용 쓰레기통의 사용빈도가 낮음
- 남은 음료를 음료칸에 버려야 함으로, 반납대에
  사용하여 마련상 흘러 않음
- 쟁반 위의 식기를 정리하지 않아 무형
  ⇒ 청명 : 반납대에 다양한 처리 시설이
  있지만, 시설에 대한 인식이 부족하고
  활용하지 않음

① 업무 숙련도가 높음
  인력은 충분 함.

② 업무 효율성 감소 ↓

③ 직원의 우선순위 : 재고 〉정리

④ 직접 직원에게 주는 것 좋아하지 X

⑤ 머그잔 놓는 공간이 작고.
  비효율적임

[과제명: ㅇㅇㅇ 수산시장의 파리 퇴치 방안]

현장 관찰 결과서 ①

장소 = 소래포구 수산시장
일자 = 2019. 06. 17 (MON)

관찰 내용	해석
청결/위생 - 건어물, 젓갈, 생선의 외부노출 - 건어물에 벌레가 꼬임	- 상인과 기존 고객에게 관행적으로 여겨져 개의치 않는 것으로 보이나, 위생과 미관상의 문제로 개선이 필요해 보임
배수 - 바닥에 고인 물을 상인이 빗자루로 쓸어냄 (예상보다 괜찮음)	- 특정 골목에서 배수에 대한 문제는 다소 있으나 크게 문제될 것 없어보임
낙후된 시설 - 냄새나는 화장실 (악취) - 협소한 주차장 (다소 부족한 공간, 접근성 떨어짐) - 전선/콘센트의 노출	- 화재 사고 이후 시설 개선이 진행되지 못함 - 화재의 위험이 있어보임

[사례] 현장 관찰 결과서

[과제명: 택배 테이프 제거 편리성 향상]

그림을 그려 이해하기 쉽도록 작성한 사례입니다.

현장 관찰 결과서

- **장소** : 우체국, 대형마트, 다이소
- **일자** : 2019.06.17

관찰내용	해석
포장 테이핑방식	개인 → 분실위험으로 테이프 과다사용 마트 → 대부분 / 무거운 것들(ex.통조림)
테이프 종류	투명 박스테이프, 노란색, 청색 → (개인은 대부분)
도구 사용여부	마트 - 칼로 테이프 자른 흔적 → 박스 재활용을 위해

[사례] 현장 관찰 결과서

[과제명: 영화관 관리효율 향상 방안]

현장 관찰 결과서1

• 장소 : 메가박스
• 일자 : 2019. 8. 12 (14:00~16:30)

관찰내용

1. 대기홀

1) 스마트폰 사용
2) 수다떨기
3) 멍때리~
4) 회사원
5) 대기 침
6) 아무도 ~
    대기행/
7) 에스컬~

①, ②③ →

① 심심, 대화 소재 고갈
② 대기시간이 길다
③ 대체 할 컨텐츠 부족
① 2인 이상 고객-커플, 부부나 가족, 동료, 친구
   커플-같이 영상 일수다
   부부-대화 안하고, 각자 휴대폰   유형별
   동료-멍때리거나, 수다   행동패턴
① 다툼 - 에어컨 위치, 냉방시스템
② 회사원, 점판 등 더운 복장

현장 관찰 결과서2

2. 티켓부스

1) 무인티켓 유명무실 (긍정변화?)

2) 기존 대면서비스 축소 (절반)
   티켓부스 → 티켓머신

3) 스낵바 주문 : 키오스크

4) 티켓머신으로 할인혜택 못받는
   경우 (ex-송요주민할인, 공무원 등)
   직원에게 문의 (잘 보이지 않음)

5) 번호표 위치 잘 안보임

→ 키오스크 vs 대면서비스
   : 연령층, 성별, 기계와의 친밀도

3-1) 팝콘 양 적정여부

① 익숙하지 않음, 어려움
② 무치원 ③ 서비스 받는 기분 좋음!
① 인건비 절감 ② 매출액 변화??
⑧: 편리함
→ 무조건 '키오스크' 사용! (선택권 X)
→ 사용 연령층 조사 (사용법 미숙? 팝콘 싫음?)
   → 간식별 불리수기 실태
→ 무조건 '대면서비스' 사용
① 홍보 원활하지 않음
② 전산시스템 미구축
→ ① 티켓머신 활성화를 위한 조치

[사례] 현장 관찰 결과서

[과제명: ㅇㅇㅇ 해수욕장 '라이더 안전'을 위한 자전거 도로 개선]

턱에 앉은 사람

애완견 동반 보행자

가족 단위의 무리

관광객 무리

운동하는 사람

〈관찰내용〉

· 차도와 자전거도로 사이 턱에 앉아있는 모습이 다수 목격됨.

· 애완견을 동반한 보행자가 많음.

· 풍선 아트 이벤트를 하는 곳에 사람이 많이 몰림.

· 자전거도로 근접한 곳에 농구코트가 있음.

해상누각 이용객이 많음.

〈해석〉

· 특이점: 대부분 취객이나 앉아서 담배피는 아저씨 (노인네)
· 영향력: 예상치 못한 움직임으로 인한 자전거와 충돌가능성이 높다.

· 특이점: 두마리 이상의 애완견도 동반한 보행자가 다수
· 영향력: 돌발 행동변수에 너비 넓어서 통제가 어려움 (긴 목줄 & 자율보행)

· 특이점: 어린아이들이 많았다 (주말오후) > 3~11세
· 영향력: 가족단위로 올리어 다니며 통행방해요소 이며 자전거도로로 가는 보행자가 있음.

· 특이점: 농구하는 사람이 많다.
· 영향력: 펜스가 없어서 쉽게 자전거도로로 침범할 가능성이 있다.

· 특이점: 관광지라서 인근에서 사진찍는 사람이 많다.
· 영향력: 사람이 몰려서 쉽게 걸어다니면 자전거 도로 침범.

[사례] 현장 관찰 결과서

[과제명: ㅇㅇㅇ 쇼핑몰 고객 편의 증대]

현장 관찰 시 수요자 외에 설비, 환경 등에 대해 별도로 관찰한 사례입니다.

2장 공감하기

[사례] 현장 관찰 결과서

[과제명: 시외버스 내부 환경개선]

영천행 버스기사

"오늘 영천 두 번이다"
"나는 영천만 가. 부럽네" → 장거리 운행은 피곤하다
장거리 운행을 꺼린다

① 피곤한 모습의 기사님을 승객이 불안해하지 않을까?

새서울고속 버스회사 직원

〈테이블 하단의 음주측정기를 → 버스 회사 측에서 음주 측정을 시행
가지고 어디론가 이동 〉

① 승객은 이 단계를 알고 있는가? 알리면 불안감이 줄어들까?

포항 → 동서울행 버스기사

"어차피 뒤는 안보인다. 중간에 → 운행 중 뒷좌석을 확인할 수 있었으면 좋겠다
풀면 벨트를 확인할 수 있나" 안전벨트를 운행 중 푸는 사람이 많다

① 뒷자리의 상황을 기사님께 어떻게 알리나? 안전벨트 확인할 방법은?

70대 女 노인승객

〈저녁시간 뒷버스 하차승객이 앞 버스 하차 승객을 하차 장소가 정해져 있지 않아
보지 못해 부딪힘 〉 → 사고 위험이 있음

① 안전한 하차가 가능하도록 하는 방법은?

50대 男 승객

〈짐을 선반에 두지 않고 → 선반 / 짐칸 이용이 불편해서
안고 타는 모습 〉 사용하는 사람이 적다.

① 짐을 편하게 들고 갈 수 있는 방법은?

20대 女 승객

"밤에 혼자 탔을 때, 취객이 → 버스 내에서 발생한 문제에 대해서
해코지 할까봐 무서웠어요" 도움을 청할 방안이 없다.

① 어떤 방식으로 위험을 알릴 수 있을까?

[사례] 현장 관찰 결과서

[과제명: 아이들의 놀이터 활성화 방안]

현장 관찰 내용을 인용문 형태로 정리한 사례입니다.

관찰 대상자들이 하는 말을 인용문 형태로 정리하면 좀 더 사실적으로 분석이

가능합니다. 최대한 많은 내용을 담도록 하되, 허락을 받은 후 음성 녹음, 동영상

촬영 등이 이루어져야 합니다.

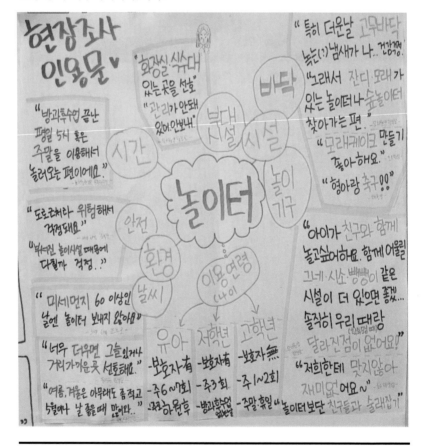

[사례] 현장 관찰 결과서

[과제명: 대학교 내 교통안전]

시간대에 따라 통행량의 차이가 많아 시간대별로 관찰한 사례입니다.

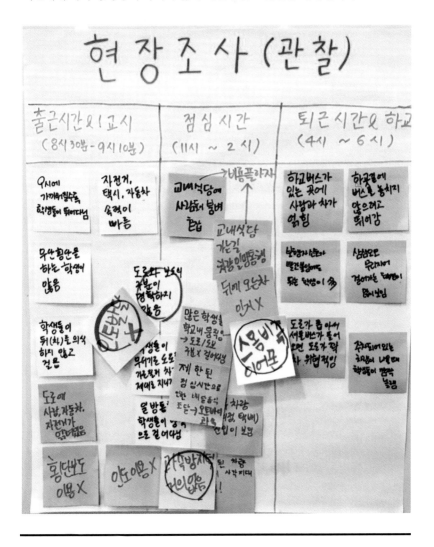

[사례] 현장 관찰 결과서

[과제명: 대형 마트 편의 개선]

2장 공감하기

[사례] 현장 관찰 결과서

[과제명: ㅇㅇㅇ 센트럴파크 불편 해소]

[시설 관리]

다양한 고객의
니즈를 충족할만한
시설이 부족하다

[프로그램]

공원에서 자체적으로
운영하는
프로그램이 적다

[환경]

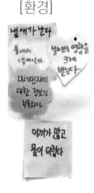

자연환경에 대한
대처가 소극적이다

[반려동물]

반려동물을
위한 서비스가
없다

[안내]

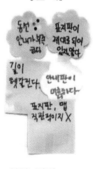

위치, 거리,
시설 관련 안내가
미흡하다

[안전]

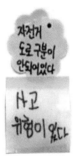

자전거 도로 구분이
명확하지 않고
조명 시설도 부족하다

[사례] 현장 관찰 결과서

[과제명: ㅇㅇㅇ 시립 미술관 활성화]

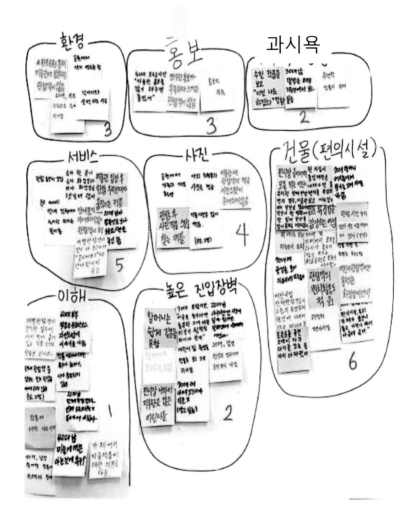

[사례] 현장 관찰 결과서

[과제명: 대학교 내 교통안전]

특정 시간대에 차량과 통행량이 많은 이유를 찾은 사례입니다.

이와 같은 경우 지도와 사진 등을 함께 활용하여 관찰 결과를 표현하면 시너지

효과를 얻을 수 있습니다.

○○ 오거리 관찰

Why 특정시간에 차량과 보행자가 붐빌까?

[보행자]

5호관, 학술정보관, 본관, 4호관 등

수업 주요 건물이 정석 오거리에 위치

인터뷰

인터뷰(Interview)는 질문을 통하여 수요자의 행동과 그 행동에 대한 동기를 파악하기 위한 방법론입니다.

수요자들은 같은 문제를 각자 다른 관점에서 바라보고 서로 다른 내용으로 이야기를 하기도 합니다. 인터뷰는 중립적인 자세에서 진행하는 것이 좋습니다. 어떤 대답이 나올지 예상이 되더라도 수요자의 이야기를 직접적으로 들어야 합니다. 왜냐하면 나의 예상과는 다를 수 있기도 하고 수요자가 우리의 과제를 해결할 실마리를 갖고 있기 때문입니다.

1.인터뷰 대상자 선정하기

① 해당 과제의 핵심 수요자와 그에 영향을 미치는 이해관계를 대상으로 선정합니다.

② 대상자 선정 시 다음과 같은 내용을 고려합니다.

- 적절하고 영향력이 있는 참가자들로 선정합니다.
- 성별, 인종, 계층간에 균형을 이룰 수 있도록 합니다.
- 극단적 성향을 지닌 사람들이 영감을 얻기에 도움이 됩니다.
- 민감한 반응을 나타내거나 불만이 많은 사람들이 좋습니다.

[활용] 인터뷰 대상자 선정

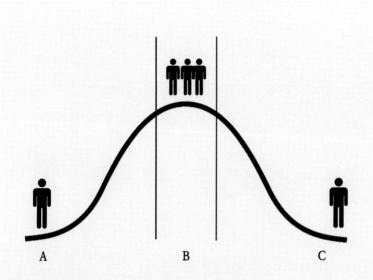

각각 3등분하여 인터뷰 대상자를 선정하면 적절합니다.

1.대상자 A

이상적인 계층과 정 반대로 가난하거나, 부정적 행동을 보이는 사람들

2.대상자 B

평균적인 사람들로 일반적인 계층을 대표할 수 있는 양 극단의 중간에

위치한 사람들

3.대상자 C

사회적으로 성공했거나, 긍정적 수용의 자세를 보이는 이상적인 계층

2.인터뷰 가이드

① 반구조화(semi-structured)된 인터뷰를 활용하여 과제에 초점을 맞추면서 대상자들과 깊은 대화를 하며 숨겨져 있는 내면의 욕구를 발견합니다.

② 가벼운 질문을 통해 대상자들과의 친밀감을 형성하고 조금씩 발견하고자 하는 주제로 대화를 넓힌 후 깊은 내면의 대화로 이어갑니다.

③ 깊은 탐색을 하다가 어느 정도 대화가 소멸되면 주제를 다른 것으로 전환하여 다시 깊은 탐색을 실시합니다.

[양식] 인터뷰 가이드

• 장소 :
• 일자 :
• 인터뷰 대상자 :

구체적으로 시작하기	범위 넓히기	깊게 탐색하기

[활용] 인터뷰 가이드(질문 문항) 만들기

1. 구체적인 것에서 시작하기

대상자들과 편하게 느낄 수 있는 가벼운 질문을 합니다.

✓ 이곳에는 자주 오십니까?

✓ 주로 누구와 함께 사용 하십니까?

✓ 최근에 구매하신 상품은 무엇인가요?

2. 범위 넓히기

서비스에 대한 사용 경험을 질문하며 질문범위를 넓혀갑니다.

✓ 최근에 불편을 겪었던 경험은 어떤 것이 있습니다?

✓ 이 서비스에서 가장 만족하시는 것은 무엇입니까?

✓ 이 제품을 구매하시는 주된 이유는 무엇입니까?

3. 깊게 탐색하기

대상자들의 내면의 욕구를 파악하기 위한 질문을 합니다.

✓ 왜 그렇게 하십니까?

✓ 만약 ~라면 어떻게 하시겠습니까?

✓ 서비스를 이용할 때 바라는 것이 있다면 어떤 것입니까?

✓ 이 제품을 사용하시면서 꼭 개선되었으면 하는 것은 무엇입니까?

✓ 이 서비스를 사용하시면서 가장 행복한 때는 언제 인가요?

　이유는 무엇입니까?

[사례] 인터뷰 가이드

[과제명: 아파트 분리수거 환경 개선]

인터뷰 가이드 2 [음식물 쓰레기 분리수거]

구체적으로 시작하기
· 음식물 쓰레기 버릴 때, 냄새 안 나나요?

· 외출할 때, 쓰레기 갖고 나오세요?

· 가족 구성원이 몇 명이세요?

· 항상 이 시간에 분리수거 하세요?

· 평소에도 직접 분리수거 하세요?

범위 넓히기
· 보통 음식을 누가 버리세요?

· 음식물 버릴 때 손에 묻으신 적 있으세요?

· 며칠에 한 번 분리수거 하세요?

· 집에서 분리수거 미리 해놓고 가져오시나요?

· 특히 분류가 잘 안되는 종류가 무엇인가요?

· 분리수거 잘 되고 있나요?

· 분리수거 하러 나오신 건가요? 아니면 외출하시는 길에 하시나요?

깊게 확인하기
· 여름철, 음식물 쓰레기 관리 어떻게 하세요?

· 손에 물은 경우 어떻게 해결하세요?

· 집에서 음식물 쓰레기 어떻게 분리하세요?

· 음식물 쓰레기통 위생상태 어떻게 관리하세요?

· 분리수거 담당하시면서 특히 어려운 부분이 무엇인가요?

· 분리수거 하기 애매할 때 어디서 정보를 얻으시나요?

구체적으로 시작하기
- 혹시 담배 피우세요?

- 금연아파트로 지정된 걸로 봤는데 괜찮으세요?

- 집에 애기 있으세요?

- 자전거 있으세요?

- 어린이집에 다니는 아이가 있으세요?

- 택배를 자주 이용하세요?

범위 넓히기
- 담배냄새 때문에 힘드셨던 적 있나요?

- 순찰하실 때 담배꽁초 많이 발견하시나요?

- 혹시 아파트 단지 내에 지정된 흡연구역이 따로 있나요?

- 자전거 어디에 두세요?

- 주로 어디서 아이들 등하원 시키시나요?

- 부재시에는 택배를 어디에 보관했다가 두셨어요?

깊게 탐색하기
- 혹시 집에 담배피우시는 분 어디서 피우세요?

- 흡연 구역이 있으면 갈 거 같다고 생각해요?

- 왜 흡연 구역이 없다고 생각하세요?

- 자전거 주차시설이 열악하다고 생각하세요?

- 그 장소가 위험하다고 생각하지 않으세요?

- 분실을 경험해보거나, 걱정 하셨던 택배 적 있으세요?

[과제명: 대형마트 폐기 식재료 저감]

① 구체적으로 시작하기   ② 범위넓히기   ③ 깊게 확인하기

- 고객

"안녕하세요. 저희가 여기 처음이라 그런데 물건 괜찮나요?"

"혹시 여기 자주 방문하시나요?"

"여기 할인 자주하나요?"

· 할인품목 VS 일반품목?
· 할인품목 구매 빈도?
· 매장에 껍질 버린적 O?
· 친환경 브랜드에 관심有?
· 유통기한, 소비기한 다른거 알고 있는지?

· 댁에서 음식물 처리하는 특별한 방법?
· 할인품목에서 구매하고 실망했던 경험?
· 유통기한이 지난 물품이 다 폐기돼서 버려지는걸 알고 있는지?
 ↑ 이런 물품을 활용한다면 어떨까
  (+ 껍질류

- 매장직원

"안녕하세요. 저희 또 궁금한 것이 있어서 방문했어요."

"오늘은 조금 바쁘신것 같아요~"

· 폐기된 식료품을 한곳에 모아둑는지, 그때그때 처리하는지?
· 폐기기준?
· 직원할인, 폐기할인 동시 적용 가능?
· 바로 버리는 방법 이외의 방법은?

· 음식물 쓰레기 처리 비용은?
 (ex. 부피당, 무게당)
· 하루에 발생하는 식료품 폐기량?
· 할인품목을 판매하기 위한 판촉 활동?
· 혹시 손님중에 환경문제에 예민해서 깐깐하게 행동하신 분은 없나요?
· 비닐백 줄이기 정책 이후에 손님들의 환경인식이 변화된걸 보셨나요?

[사례] 인터뷰 가이드

[과제명: 영유아 건강을 위한 스마트 기기 사용]

	구체적으로 시작하기	범위 넓히기
아이	-안녕하세요. 아이야 몇 살 이야? - 여기 자주 와? - 와서 뭐해? - 재밌어? - 뭐가 제일 재밌어?	- ~~~~ 재밌어? - 장난감도 많아? - 장난감 or 영상 뭐가 더 좋아? - 얼마나 봐? 하루에? - 밖에서 노는게 좋아? 집에서 노는게 좋아? - 엄마한테 폰 보다가 혼난 적 없어?
양육자	- 자녀들이랑 오셨어요? - 귀엽다~ 몇 살이에요? - 자주 오세요? - 식사하는 동안 얘기를 잘 먹나요? - 어떻게 하세요?	- 영상매체를 보여주신 적 있나요? - 아이들이 그때 진정이 되던가요? - 주로 어떨 때 영상 보여주세요?
의사	- 요즘 아이들이 질병 형태가 어떤지? - 나이대가 어떻게 되나요? - 어떤 경로로 시력이 저하되나요? - 진료할 때 집중 못하는 아이들은 어떤 방법을 사용해 컨트롤 하시나요?	- 안경 쓰는 연령대의 연령대가 왜 낮아졌는지? - 아이들을 위한 제품이 있나요? - 환경문제점도 시력에 문제가 생기나요? - 아이들의 시력이 가장 크게 영향 받는 연령은 언제인가요?
선생님	- 아이들의 핫 한 이슈, 아이템이 뭔가요? - 유치원에서도 영상을 통 - 얼마나 영상 교육을 하	- 영상 교육과 일반 교육 시 아이들의 반응 차이 는가?

	깊게 탐색하기
아이	- 혼났는데 왜 또 봐? - 왜 가까이에서 보는거야? - 무슨 마음이었어? - 친구들이랑 유투브 이야기 자주 해? - 엄마랑 노는 것이 더 좋지 않아? - 부모님이랑 같이 보기도 해?
양육자	- 영상 보여주는 방법 외에 다른 방법을 사용한 적 있나요? - 집에서 영상 시청에 관련한 규칙이 있나? - 보여주는 것 외에 다른 방법이 없어서 선택했는지? - 부모 아이 앞에서도 휴대전화 사용 하시나요? - 처음 언제, 어쩌다 보여주게 됐나요? 보여줄 때 불편한 점은 없나요?
의사	- TV 시청하는 아이들이 가까이 가는 이유가 뭐라고 생각하세요? - 스마트 폰 외에 어떤 경로로 시력이 저하된다고 생각하세요? - 적절한 시청 시간은 얼마나 된다고 생각하세요?
선생님	- 아이들이 소수, 단체로 있을 때 행동 차이? - 선생님에게 먼저 요구하는지 - 부모와 시간을 많이 못 보내는 환경이 스마트폰 이용과 관련된다고 생각하시는지?

[사례] 인터뷰 가이드

[과제명: ㅇㅇㅇ 시장 활성화]

[인터뷰 질문 가이드]

· 구체적으로 시작

1. 죽도시장 이용 목적
   : 관광, 장보기, 산책,

2. 죽도시장 주 빈도
   : 주 1~2회, 3~4회

3. 죽도시장 교통 수단
   : 자가용, 대중교통, 택시, 걷기

4. 죽도시장 소비 항목
   : 수산물, 야채, 과일 등

5. 죽도시장 머무는 시간
   : 1~2시간, 2~4시간.

6. 소비 금액 정도
   : 1~3만원, 3~5만원
   5~10만원, 10만원 이상

· 범위 넓히기

1. 죽도 방문 이유
   (why 죽도시장 인가?)

✓ 2. 편의 시설 이용 횟수?
   (화장실, 쉼터 등)

3. 죽도시장 장점/ 단점 파악

4. 죽도시장 오면 떠올라하는 것

5. 어느 구역 제일 많이가는지파악

6. 뭘? 할때 오래 머무는지

7. 시장 방문시, 결제 수단?
   결제 금액?

8. 어디에 주차 하셨는지 파악

9. 뭘? 떠났는지

10. 시장 안내판 보셨는지

11. 죽도시장에 궁금한점
    불만점

· 깊게 확인하기

1. 관광객과 어시장방문후,
   죽도시장 구경 했는지

2. 바라는 볼거리

3. 다른 상점과 가격비교후,
   구매 했는지

4. 죽도시장의 개성

2-1. 죽도시장 바라는운과
     (정면을? 외 의견)

[사례] 인터뷰 가이드

[과제명: ㅇㅇ시 관광 활성화/푸드 공유 플랫폼]

구체적으로 시작하기	범위넓히기	깊게확인하기
① 대기시간?	무엇을 하시나요	- 왜 하시나요
② 이용하는 이유(역)	KTX를 택한이유	⌈ 사용한 후 느낀점
③ KTX내 지역통보용 기계인 키오스크?	⌈ 사용여부	⌊ 미사용한 이유 - 역사내에 있으면하는 정보
④ 식사여부	⌊ 지역정보 획득방법 어디서 드셨나요 푸드코트 이용여부	⌈ 시설이용후 느낀점 ⌊ 이용하지 않는 이유
⑤ 티켓구매일	- 어플이용 여부	- 어플의 편의성

· 구체적으로 시작하기	· 범위 넓히기	· 깊게 확인하기
· 일주일에 얼마나 자주 집에서 식사를 하십니까?	· 집에서 먹으면 어떤 점이 좋나요?	· 내가 구매한 만큼 먹지 못하거나 사용하지 못했을 때 버려지는 비용에 대해 고민해본 적이 있나요? 그 때의 심경은 어땠나요?
· 요리해서 드신다면 재료는 어디서 구매하나요?	· 재료를 선택할 때 어떤점을 중요하게 생각하세요?	
· 구매한 재료는 다 소비하나요?	· 재료를 구매할 때 얼마의 사용기간을 생각하고 구매하세요?	· 남은 재료나 음식 처리 과정에서 어떤점이 불편했나요?
· 배달음식을 일주일에 몇번 시켜먹나요?	· 남은 재료나 음식의 경우 어떻게 하시나요?	· 재료나 음식이 남겨질 것을 대비해서 어떤 것이 있으면 좋겠다고 생각하는 것을 자유롭게 기술해주세요.
· 배달 음식이 남은 적이 있나요?	· 버려지는 재료와 음식의 양이 많다고 생각하나요?	

[과제명: ○○○ 센트럴파크 불편 해소]

인터뷰 질문 가이드

구체적으로 시작하기

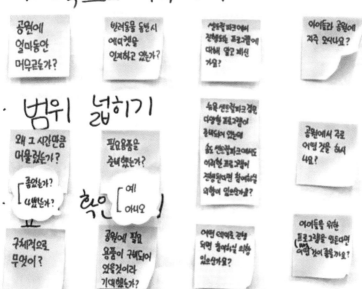

공원에 얼마동안 머무르는가?

반려동물 동반 시 에티켓을 얼마하고 있는가?

센트럴파크에서 진행되는 프로그램에 대해 알고 계신가요?

아이들과 공원에 자주 오시나요?

범위 넓히기

왜 그 시간만큼 머물렀는가?

[좋았는가? 나빴는가?]

구체적으로 무엇이?

필요용품을 준비했는가?

확인 [예 / 아니요]

공원에 필요 용품이 구비되어 있을것이라 기대했는가?

타유 센트럴파크의 경우 다양한 프로그램이 준비되어 있어 숲속 센트럴파크에서도 이러한 프로그램이 진행된다면 참여하실 의향이 있으신가요?

어떤 데이터 건강 되면 참여하실 의향 있으신가요?

공원에서 주로 어떤 것을 하시나요?

아이들을 위한 프로그램을 운영한다면 어떤 것이 좋을까요?

[과제명: 대형마트 편의 개선]

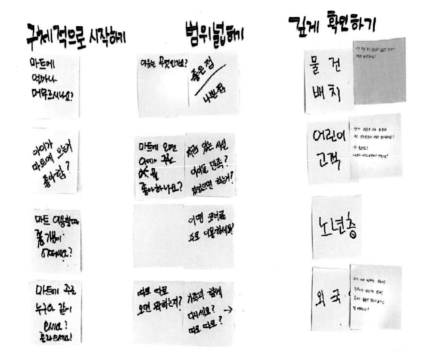

[과제명: 시외버스 내부 환경개선]

안전벨트를 미착용 人
→ 착용하지 않는 이유
②

a. 벨트를 착용하셨나요?
   a.1 예 → 벨트 착용 시 불편한 점이 있었나요?
   a.2 아니요 → 착용 안내는 들으셨나요?
               벨트에 혹시 불편한 점이 있나요?
b. 벨트의 형태를 바꾼다면, 착용의향? 그 형태는?
c. 벨트에 승용차와 같은 '안전센서'가 있다면
   조금 더 시외버스를 안전하다고 느낄 수 있을까요?

짐을 안고 타거나
옆자리에 놔두는 人
→ 짐칸이나 선반을
   이용하지 않는 이유

a. 짐칸이나 선반을 이용하지 않는 이유가 무엇인가요?
b. 휴대폰 등 중요한 물건들은 어디에 놔두시나요?
c. 의자 뒷편에 있는 그물망은 자주 사용 하시나요?

(운행 중. 정차 전)
미리 하차 준비하는 人
→ 버스 하차하는
   시점에 직접 보고
   다가가서 질문
   ③④

〈기사님 시점〉
a. 평소에 이런 승객이 많은가요?
b. 뒷좌석에서 정차 전에 움직이는 승객도 기사석에서
   잘 보이나요?
〈승객 시점〉
a. 왜 이리 서계시나요?

3.인터뷰 실시

인터뷰는 사람들의 행동과 그에 대한 동기, 수요자들이 요구하는 욕구를 찾는데 많은 도움이 됩니다. 따라서, 최대한 대상자들이 실제 서비스를 사용하는 실제 환경에서 인터뷰하는 것이 좋습니다. 이런 환경에서 인터뷰를 하면 대상자들이 언급하는 사물이나 공간 등을 실제로 볼 수 있고, 사용하는 것도 볼 수 있습니다.

인터뷰를 할 때는 역할을 분담하는 것이 좋습니다.

   ① 인터뷰 진행

   ② 인터뷰 내용 노트 정리

   ③ 사진 촬영 및 녹음(대상자 동의 하에 진행)

인터뷰를 진행할 때는 가능하면 대상자들이 편안한 분위기에서 말 할 수 있도록 해줍니다. 인터뷰 가이드에 있는 것처럼, 쉽고 서로 친숙해질 수 있는 질문에서, 깊이 있고 얻고자 하는 질문으로 진행합니다.

◀))) 주의사항

녹음, 사진·동영상 촬영 할 때 주의하세요.

녹음이나 사진· 동영상 촬영을 할 때는 반드시 인터뷰 대상자에게 본 내용이 어떻게 사용되어지는지 설명을 하고 동의를 얻어야 합니다.
'일단 촬영하고 모자이크 처리를 해야지' 하는 등의 생각은 매우 위험합니다.
내가 촬영한 사진 등이 나중에 어떻게 사용되어 질지, 어떤 경로로 배포되어 질지는 누구도 장담할 수 없기 때문입니다.

4.인터뷰 결과

① 장소, 일자, 대상자 : 인터뷰를 한 장소와 일자, 대상자를 작성합니다.

② 인터뷰 주요 내용 : 인터뷰 내용을 사실적으로 작성합니다.

특히, 인용문 형태로 작성하기도 하고, 인터뷰 당시의 표정이나 분위기도

작성하여 인터뷰 대상자의 실제적인 모습을 그대로 표현합니다.

③ 관심사항, 내면의 욕구 : 주요 내용을 토대로 팀원들간 해석을 하여

대상자들이 갖고 있는 주요 요구사항과 드러나지 않는 내면의 욕구를

찾아냅니다.

[양식] 인터뷰 결과서

• 장소 :
• 일자 :
• 인터뷰 대상자 :

• 인터뷰 주요 내용
    ✓
    ✓
    ✓
    ✓

• 대상자들의 관심사항 및 주요 요구사항, 내면의 욕구

    ✓
    ✓
    ✓
    ✓

[과제명: 영화관 관리효율 향상 방안]

인터뷰결과서

- 장소 : 메가박스
- 일자 : 2019. 8. 14. 수요일
- 인터뷰대상자 : 분리수거당당자

- 인터뷰주요내용
  - ✓ 청소구역 . 인원. 청소요시간
  - ✓ 청소루틴
  - ✓ 개선필요사항
  - ✓ 분류기준 (분리수거)

- 대상자 관성사항 . 주요 요구사항. 내면의 욕구
  - ✓ 인원부족함. 업무량으로 인한 휴식부족. → 인원증대 or 업무량 감소필요.
  - ✓ 돌발상황 관리. 업무분담이 X → 체계적 업무분담필요
  - ✓ 적절한 청소도구 (장갑 등..) 필요
  - ✓ 쓰레기 분류기준 명확치 X → 쓰레기통 변경을 통해 분류기준 명확히 정립필요

[과제명: 아파트 분리수거 환경 개선]

인터뷰 결과서

- 장소: 삼성 럭키 아파트
- 일자: 2019년 8월 14일 수요일
- 인터뷰 대상자: 주부, 노인, 경비원.

- 인터뷰 주요 내용
  - ✓ 음식물 쓰레기 처리장 근처가 불결하다 (악취, 벌레)
  - ✓ 손 닦는 시설이 열악하다
  - ✓ 음식물 쓰레기를 버린 뒤, 뒷처리를 제대로 안하는 사람이 많다
  - ✓ 비닐봉지 처리가 불편하다

- 대상자들의 관심사항 및 주요 요구사항. 내면의 욕구
  - ✓ 음식물 쓰레기 처리장이 청결하면 좋겠다
  - ✓ 수도 시설에 대한 개선의 필요성
  - ✓ 입주인들의 인식개선
  - ✓ 봉투 째로 버리기를 희망함.

[과제명: 커피숍 트레이 과적 해소]

[인터뷰 결과서]

- 장소 : 구월동 커피숍 인근 · 일자 : 2019. 06. 19
- 인터뷰 대상자 : 카페를 막 이용한 고객

< 인터뷰 주요내용 >

✓ 반납대를 찾을 때 겪는 어려움이 무엇인지?

✓ 반납대 사용시 불편한점이 있는지?

✓ 깨끗한 or 더러운 반납대를 봤을때 감정이 어떤지?

✓ 반납대가 정리되지 않은 이유가 무엇이라고 생각하는지?

✓ 평소에 생각한 반납대 개선사항은 무엇인지?

< 대상자들의 관심사항 및 주요 요구사항, 내면의 욕구 >

① 깨끗했으면 좋겠다

② 반납대의 구조적인 편리성이 높았으면 좋겠다

③ 유리컵은 겹쳐 놓을 수 있었으면 좋겠다.

④ 메뉴얼 (정리하는 방법)이 있었으면 좋겠다.

⑤ 반납대가 더 넓었으면 좋겠다.

⑥ 시민의식이 조금더 개선되었으면 좋겠다.

[사례] 인터뷰 결과서

[과제명: ㅇㅇㅇ 수산시장의 파리 퇴치 방안]

인터뷰 결과서 ①-1

장소: 소래포구 수산시장 / 일자 : 2019.06.19
인터뷰 대상자 : 건어물 판매상인 7명

1. 인터뷰 주요내용

- 해충 퇴치를 위해 사용하는/했던 방법과 장·단점

방법	장점	단점
① 파리채·손 (100%)	- 간편함 (편리성) - 비용이 들지 않음 (익숙함)	- 번거로움
② 모기향 (100%)	- 오랫동안 사용해 왔음 (익숙함)	- 효과 미비 / 소모량 많음
③ 회전형 해충 퇴치기 (85%)	- 벌레 퇴치에 가장 효과적 (편리성) - 오래 사용가능 (내구성)	- 소비자의 시야를 가림 (시각적) - 손님응대시 전원 off (번거로움)
④ 나비 해충 퇴치기 (40%)	- 손님들의 이목 집중 (시각적 효과) - 태양광 이용가능 (경제적)	- 쉽게 망가짐 (내구성) - 배터리 소모 심함 (경제적)
⑤ 기타 (방향제, 전기파리채)		- 효과미비

[과제명: ㅇㅇㅇ 수산시장의 파리 퇴치 방안]

인터뷰 결과서 ①-2

2. 대상자들의 관심사항 및 요구사항
- 모든 인터뷰 응답자들은 회전형 해충 퇴치기의 개선을 요구

1) 전원버튼 보유
  └ 손님 응대시 on/off 번거로움

2) 콘센트를 이용한 전기 사용 선호
  └ 건전지 소모량 ↑↑, 태양광 내구성 약함

3) 내구성 강화
  └ 나비 해충 퇴치기 평균 사용기간: 7일
  └ 회전형 해충 퇴치기의 경우 모터 고장이 잦음

4) 해충 퇴치 범위 확대
  └ 직접 접촉이 일어나는 부분만 효과적
  └ 천장에 걸려있는 생선의 경우 효과 X

[사례] 인터뷰 결과서

[과제명: ㅇㅇㅇ 수산시장의 파리 퇴치 방안]

인터뷰 결과서②

인터뷰 대상자 : 소래포구 방문객

1. 인터뷰 주요내용

- 첫 방문인지
- 시장에 대한 이미지가 어떤지
- 가게 선택기준
- 품질 파악 방법
- 해충퇴치 도구를 본 느낌이 어떤지
- 해충 퇴치 도구가 구매 결정에 영향을 미치는지

2. 대상자들의 관심사항·주요 요구사항·내면의 욕구

- 시장에 대해 긍정적인 이미지를 가지고 있음
- 품질이 가게 선택에 가장 큰 영향을 미침
- 대부분 관찰을 통해 품질을 파악함
- 대부분 해충퇴치 도구가 도움이 된다고 생각함
- 하지만 해충 퇴치 도구가 구매 결정에 영향을 끼치지는 않음
- 해충의 직접적 접촉을 싫어하며 약품 처리에 매우 부정적
- 오히려 깔끔한 진열 방식이 구매에 영향을 끼치는 것 같음

[과제명: 택배 테이프 제거 편리성 향상]

인터뷰 결과서

- 장소 : 전화, 서면 인터뷰   · 일자 : 19. 06. 19
- 인터뷰 대상 : 인터넷 쇼핑몰 사장님, 3년 경력 물류직원,
  3개월 포장 아르바이트생

〈포장하는 사람 관점〉

질문	답변
1) 테이핑 시 도구 사용하는지	그렇다. 테이프+가위 혹은 테이프+커터기, 테이프+칼 일반 박스테이프
2) 테이프 종류는 ?	
3) 테이핑 횟수는 ?	2~3회. 크기가 커질수록 더 많이
4) 테이핑 모양	
5) 포장관련 민원을 받아본 경험	없다.
6) 운송장 붙이는 위치 정해져있나	없다. 쉽게 떼지게 하기 위해 운송장 위에 붙이기도 한다.
7) 포장업무를 하며 불편했던 점	손 다치는 것. 크기가 크면 다루기가 어렵다.

[사례] 인터뷰 결과서

[과제명: 푸드 공유 플랫폼]

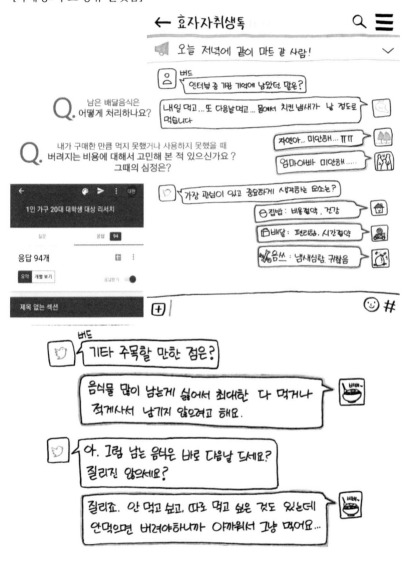

[사례] 인터뷰 결과서

[과제명: 1인 가구 편의 개선]

인터뷰와 더불어 설문조사를 시행한 사례입니다.

눈덩이 추출법이라고도 하는 스노우볼 샘플링(snowball sampling) 기법을

사용하였습니다.

이러한 설문조사를 통해 데이터를 활용하게 되면 수요자를 더욱 이해할 수 있고,

다음 단계에의 활용성도 좋습니다.

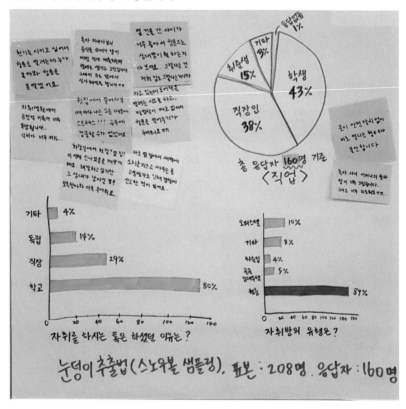

[사례] 인터뷰 결과서

[과제명: ㅇㅇㅇ 쇼핑몰 고객 편의 증대]

인터뷰를 할 때 앙케이트 조사를 병행 한 사례입니다.

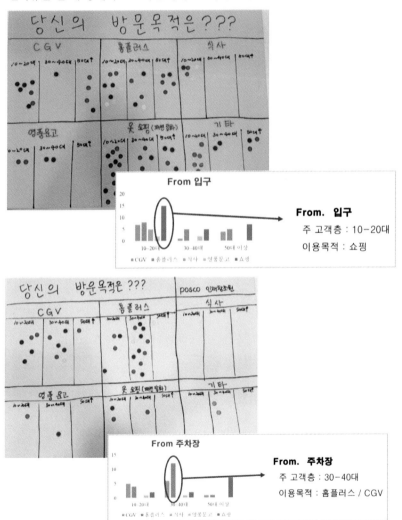

이해관계자 맵

이해관계자 맵은 서비스를 사용하는 핵심 수요자와 그에 따른 이해관계자들의 관계를 파악하고, 그들이 갖고 있는 숨겨진 욕구와 연결 관계에서 나타나는 동기를 찾아 수요자를 조사하기 위한 방법론입니다.

이해관계자 맵에서 도출되는 수요자나 공급자, 이와 관련된 이해관계자들 중 추후 선정 단계를 거쳐 이들을 조사하게 됩니다. 결국, 이들이 본 과제 수행에 대한 대상자가 되는 것입니다.

이들 중에는 반드시 수요자 또는 고객이 있어야 합니다. 그러나 반드시 어떤 상품의 소비자가 수요자나 고객이 되는 것은 아닙니다. 과제 수행 범위에 따라 일반적인 서비스에서의 공급자가 고객이 되기도 합니다.

예를 들어, 식료품점의 서비스에서는 일반적으로 식료품을 구매하는 사람이 수요자 또는 고객이 되고, 판매하는 직원이나 주인이 공급자가 됩니다. 그러나 재고관리 같은 식료품점 내부에서 일어나는 행위나 직원들 간에 발생하는 일에 대한 것이 과제 수행 범위로 정해진다면 과제의 수요자 또는 고객은 직원이나 주인이 될 것입니다.

다음 단계의 문제 정의는 결국 여기서 도출된 이해관계자를 통해 발생하는 데이터를 활용하게 되므로 이해관계자를 정확히 설정하는 것은 향후 과제를 해결하는데 매우 중요한 과정이 될 것입니다.

1.이해관계자 맵 작성

① 핵심 대상 : 대상 서비스의 핵심 수요자를 작성합니다.

② 직접적 이해관계자 : 핵심 대상에게 영향을 주는 수요자 및 공급자 등의 직접적인 이해 관계자를 작성합니다.

③ 간접적 이해관계자 : 핵심 대상에게 조금 멀지만 영향을 주는 간접적인 이해 관계자를 작성합니다.

④ 관계 구성 : 핵심 대상과 이해관계자들이 어떤 관계에 있는지, 어떤 영향을 주는지 선으로 연결하고 키워드로 작성합니다.

[양식] 이해 관계자 맵

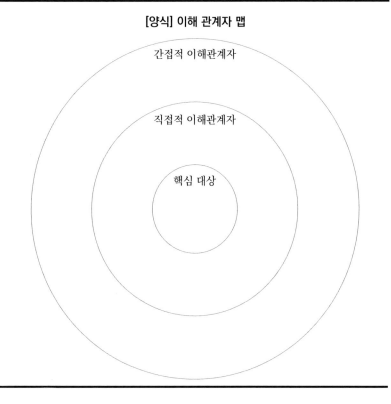

[사례] 이해관계자 맵

[과제명: ㅇㅇㅇ 해수욕장 '라이더 안전'을 위한 자전거 도로 개선]

핵심 대상을 라이더로 선정 하였으며, 라이더의 안전에 영향을 미치는 직접적
이해 관계자를 보행자, 애견주, 취객, 버스킹으로 선정 하였습니다.

보행자, 애견주, 취객은 자전거 도로에 침입하여 라이더와 충돌하는 상황이 관찰
되었고, 버스킹은 라이더가 주행 중 버스킹 쪽으로 고개를 돌리는 현상이 관찰
되었습니다. 즉, 라이더의 시선이 분산되어 사고 위험을 키우게 되는 것입니다.

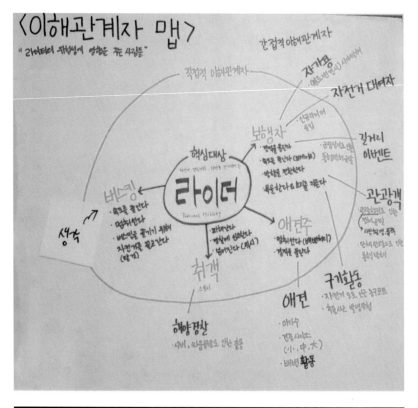

[사례] 이해관계자 맵

[과제명: 우산 빗물 제거]

핵심 대상을 우천시 활동하는 사람들로 선정하였는데, 이와 같이 특정한

직업이나 역할 중심이 아닌 과제와 연관된 행동이나 상황에 맞추어 핵심 대상을

선정 할 수 있습니다.

이해관계자 선정 시 서로 관련성이 있는 사람들을 선으로 연결하여, 다음

단계에서 서로 간의 연관성을 찾는데 도움이 되도록 합니다.

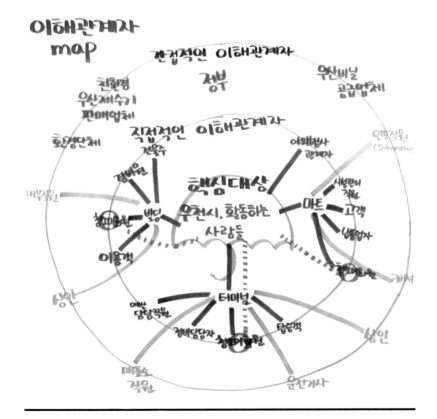

[사례] 이해관계자 맵

[과제명: ㅇ ㅇ ㅇ 마트 불편 해소]

이해관계자 간 서로 관련성이 있는 사람들을 선으로 연결할 때 관계의 내용에
따라 색을 다르게 하고 범례를 표시하는 것도 좋은 방법입니다.

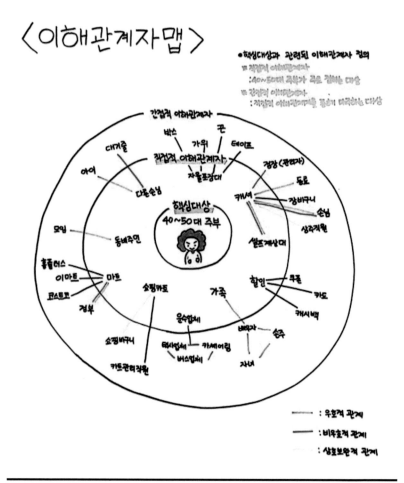

[사례] 이해관계자 맵

[과제명: 대형 마트 편의 개선]

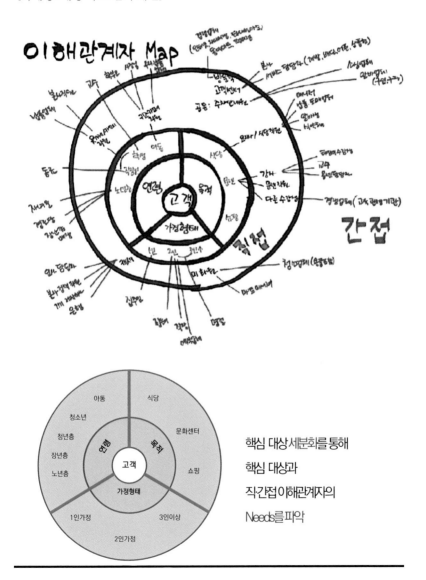

핵심 대상 세분화를 통해
핵심 대상과
직·간접 이해관계자의
Needs를 파악

[사례] 이해관계자 맵

[과제명: ㅇㅇㅇ 쇼핑몰 매출 증대]

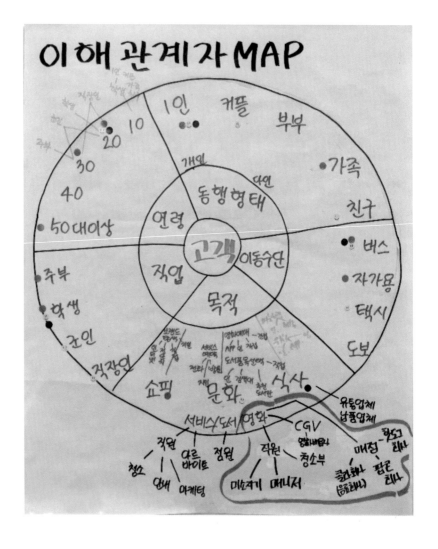

2장 공감하기

[사례] 이해관계자 맵

[과제명: 공원 반려견 놀이터 개발]

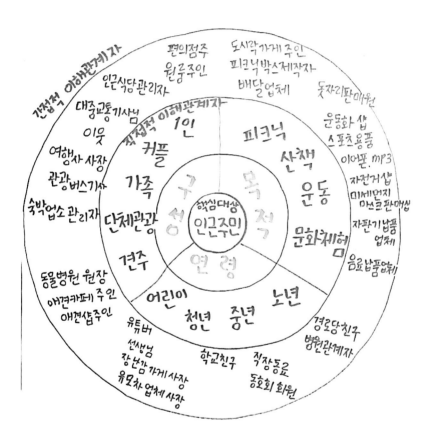

[사례] 이해관계자 맵

[과제명: ㅇㅇ로 골목 상권 재건]

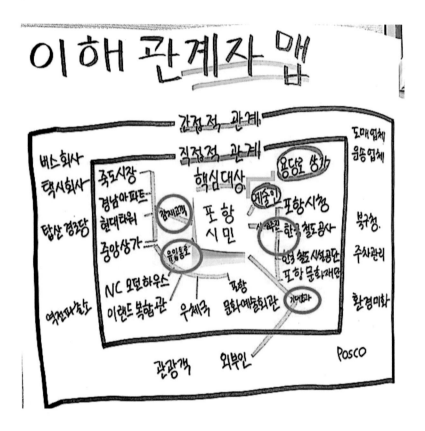

- 핵심 대상: 포항시민
- 잠재고객: 죽도시장, 경남아파트, 현대타워, 중앙상가
- 유입통로: NC 모던하우스, 이랜드복합관, 우체국, 문화예술회관
- 사업촉진: 포항시청, 한국철도공사, 한국철도시설공단, 포항문화재단
- 화방, 표구사 등의 상가 주인, 예술인
- 기대효과: 외부인

2장 공감하기

2.섀도잉 및 심층 인터뷰 대상자 선정

① 이해관계자 맵을 통해 새도잉 및 심층 인터뷰 대상자를 선정해야 합니다.

② 본 대상자는 핵심 수요자를 기본으로 선정하되 필요 시 영향을 미치는

  간접·직접적 이해관계자와 공급자 등으로 선정합니다.

  * 사례처럼 과제 수행 대상을 방문고객(핵심수요자)과 매장직원

  (이해관계자)으로 선정

③ 본 대상자는 필요 시 세분화하여 더욱 상세히 할 수도 있습니다.

  * [사례]처럼 방문고객을 장년층 / 직장인 / 학생 / 초등생을 동반한 엄마로

  세분화

[사례] 이해관계자 맵

섀도잉

섀도잉(Shadowing)은 수요자가 어떻게 서비스를 사용하는지에 대한
수요자들의 서비스 경험을 관찰하는 것입니다. 수요자가 서비스를 경험할 때
그들의 미세한 감정이나 겉으로 드러내지 않는 생각, 또는 무의식 중에
나타나는 행동 패턴이나 언어 등을 상세히 관찰할 때 사용하는 방법론입니다.
섀도잉을 수행할 때 중요한 점은 상황에 따라 반응하는 수요자들의 미세한
감정과 행동을 놓치지 않고 포착하여 성찰 포인트를 찾는 것입니다.
특히, 말과 행동이 다르게 나타나는 것에 주의를 기울이고 겉으로 드러나지
않는, 내재되어 있는 욕구가 무엇인지 발견하는 것에 중점을 두어야 합니다.
섀도잉 중에 인사이트(Insight)를 찾는 것은 다음 단계인 문제정의 단계에서
매우 중요하게 활용됩니다.

> 🔊 **주의사항**
>
> **사람들 모르게 최대한 조용히 행동하세요.**
> 섀도잉을 할 때 과제 수행자들은 관찰 대상자들 모르게 행동해야 합니다.
> 자신들이 관찰 대상이라는 것을 알아차리게 되는 것만으로도 평상시와 다른
> 행동을 하게 될 가능성이 많으므로 왜곡된 내용의 관찰이 될 수 있습니다.
> 대상자들의 경험을 관찰할 때 메모를 주로 활용하며 사진이나 동영상
> 촬영의 다양한 방법을 동원하되 반드시 그들의 동의를 얻고 난 후
> 시행하여야 합니다.

1. 섀도잉 계획

① 장소 : 섀도잉을 하기 위해 방문하는 현장을 작성합니다.

② 일자 : 현장 방문 일자를 작성합니다.

③ 담당 : 섀도잉 현장별로 담당자를 선정합니다.

　　* 조별 2~3명이 적당합니다.

④ 경험단계 : 수요자가 서비스를 경험(사용, 체험)하는 단계를 작성합니다.

⑤ 예상되는 행동 : 경험 단계별 수요자의 예상되는 행동을 작성합니다.

⑥ 확인사항 : 예상 행동별로 확인해봐야 할 사항(이유, 빈도 등)을 작성합니다.

[양식] 섀도잉 계획서

• 장소 :

• 일자 :

• 담당 :

경험단계	예상되는 행동	확인사항

[사례] 섀도잉 계획서

[과제명: 영화관 관리효율 향상 방안]

① 섀도잉계획서
(홀청소 직원)

- 장소 : 메가박스 송도점
- 일자 : 19년 8월 14일
- 담당 : 1조 전원

경험단계	예상되는 행동	확인사항
빨대 유무 주시(티슈)	절반정도 비었을때 채울것이다 "빨리하고 가야겠다"	남은 빨대 수량 추가업무여부 행동속도
바닥청소	영화가 시작되면 청소를 시작할 것이다 "팝콘을 왜 이렇게 흘려.." '속상하겠다..아깝다 팝콘'	행동속도 표정 걸음걸이(피곤한정도)
쓰레기통 비우기 쓰레기통 전반청소	주기적으로 확인하며, 반이상 차있거나 지저분할때 쓰레기통을 비운다/치운다 '불쾌하다, 만지기싫다, 못본척'	표정 손동작 . 도구사용 봉지 교체여부
대기 및 휴식 공간 관리	의자 or 책상의 쓰레기는 상태에따라 청소(털기/닦기) '혼자만의 시간을즐기고싶다'	표정. 행동속도.

[사례] 섀도잉 계획서

[과제명: 영화관 관리효율 향상 방안]

② 섀도잉 계획서
(분리수거 담당자)

경험단계	예상되는 행동	확인사항
상영직후 1	"둔고가세요"라고 멘트하기 - 사람수를 조용히 센다 -	시선. 멘트의진정성 표정. 목소리.
2	분류되지않은 쓰레기를 치우며 계속 멘트하기 (쓰레기 1차분류) "20C애들은 잘치우던데.."	표정. 행동강도. 손님들 유형
쓰레기통비우기 (상영직후 3)	사람이 모두 나간후, 쓰레기를 카트에 옮김 "너무무겁다.. 허리나가겠네.."	소요시간. 신체사용 범위(동선)
카트를 이동 시킨다	카트를 갖고 쓰레기처리장으로 이동	행동
쓰레기분류 2 (쓰레기 2차분류)	음료 제외한 쓰레기는 분류후 쓰레기 차에 싣는다. "무겁다.. 냄새난다.. 덥다.."	소요시간. 신체 노동력

[과제명: 영화관 관리효율 향상 방안]

③ 섀도잉 계획서
(티켓부스 메아리)

경험단계	예상되는행동	확인사항
손님있을때	손님의 질문에 응대 / 안내. "안내중.. 적어놓지.."	목소리·표정. 문장완성도
없을때	상영관 스케줄확인. 할인혜택확인 "한가하다. 혜택개월이다.(특정요일/혜택자)" 바쁜겠다..	행동패턴 직원이 무엇을 살피나
티켓구매시	예매안내 / 발권 (영화종류. 시간. 좌석. 인원수. 적립금/할인) +)주차 "키오스크안쓰나? 말에 집중좀.."	손님의 행동패턴 + 직원의반응 (대응)
티켓구매완료후	구매티켓확인.(상영관 / 시간 재확인) "별 생각없다. 끝나서 좋다 (뿌듯)"	//
번호호출시	버튼을 눌러 스크린에 띄운후 고객호출 "진상이 아니길.." "(손님없을때) 넘겨도되나?" (불안) 고개를 들어 고객 찾기. "묵읽는다.."	손님의반응 손님이올때/ 안올때직원의반응

[과제명: 아파트 분리수거 환경 개선]

섀도잉 계획서

- 장소 :
- 일자 : 2019년 8월 14일 수요일
- 담당 : 2조원 전체

< 경험단계 >	< 예상되는 행동 >	< 확인사항 >
1. 쓰레기를 들고 나온다.	- 분리해서 들고 나온다. - 여러 명이 들고 나온다. - 외출복 / 실내복	- 분리정도 - 떨어지는 것이 있는지 - 다른 소재품 확인 - 복장과의 연관성
2. 쓰레기 버리기	- 얼굴을 찡그린다. - Rule을 따르지 않는다. - 주변을 어지럽힌다.	- 얼굴 표정 - 고민의 정도 - 버리기 전후의 청결도 차이 - 뒷정리를 하는지 여부 (개인정비 포함)
3. 버리고 난 후	- 손을 씻는다 - 손의 냄새를 맡는다. - 귀가 / 외출	- 손 씻는 물통을 사용하는지 - 불쾌함의 정도

[사례] 섀도잉 계획서

[과제명: ㅇㅇㅇ 해수욕장 '라이더 안전'을 위한 자전거 도로 개선]

라이더가 자전거를 타며 경험하는 단계를 시간의 흐름이 아닌 경험하는

종류별로 작성한 사례입니다.

〈섀도잉 계획서〉

·장소: 영일대 해수욕장
·일자: 7월 16일
·담당:

〈경험단계〉	〈예상되는 행동〉	〈확인사항〉
1. 보행자 경험	· 보행자를 인지한 후 경적을 울린다 · 브레이크를 잡으면서 속도를 줄인다 · 핸들을 틀어서 보행자를 피한다 · 말로써 주의를 준다	· 안전거리 · 경적 빈도 · 언행 · 성별, 연령
2. 애견주 경험	· 주행 중 강아지에게 시선을 준다 · 신경쓰지 않고 갈길 간다 · 갑자기 뛰어나온 강아지 때문에 놀라서 딴짓한다	· 애견과 애견주 사이 거리 · 애견의 흥미요소 · 애견으로 인한 주행정지 빈도
3. 버스킹 경험		
4. 취객경험	· 취객을 주시하면서 속도를 조절한다 · 방향을 틀어 피해간다 · 경찰에 취객 신고를 해준다	· 취객의 행동패턴 · 시간대, 성별 · 속도·제동빈도

[과제명: ㅇㅇㅇ 수산시장의 파리 퇴치 방안]

섀도잉 계획서 ① 상인

장소 = 소래포구 수산시장

일자 = 2019.06.19

경험단계	예상되는 행동	확인사항
- 해충 퇴치 (A조)	① 파리채 사용 ② 먼지털이 사용 ③ 기계를 사용 ④ 모기향 사용 ⑤ 맨손 사용 ⑥ 제품 위 커버	①②⑤ - 파리채·먼지털이가 제품에 닿는가 └ 정말 효과가 있는가 오히려 손상이 있는가 └ 터는 이유 (습관, 살충 등) ③ - 사용 기계 종류/위치/개수 └ 제품에 기계가 닿는가 ④ - 모기향 배치방법 ⑤ - 어떤 재질의 커버를 사용하는가 └ 커버의 청결 상태
- 진열 (B조)	① 노끈으로 매달아 놓는다 ② 더러운 용기 위에 진열 (박스, 플라스틱, 스티로폼)	① - 노끈 사용 제품/상태/목적 ② - 얼마나 자주 씻는가 └ 노후된 정도 (바램/깨짐)

[과제명: ㅇㅇㅇ 수산시장의 파리 퇴치 방안]

섀도잉 계획서 ② 상품구매ㅈ

경험단계	예상되는 행동	확인사항
-가시적 경험 (시각적) (C조)	- 관찰한다 (유심히) ㄴ위생상태 인식 - 품질을 통해 가격 예상 - 상품의 유무 및 위치 확인	- 표정의 변화 관찰 - 접근의 정도 확인
-직접적 비교경험 (C조)	- 만지작 거린다 - 가격 확인 - 원산지 및 일자(기간) 확인	- 만지작 거리는 방법 및 이유 - 질문의 유형 (가격 / 원산지 / 할인여부)

[사례] 섀도잉 계획서

[과제명: 커피숍 트레이 과적 해소]

〈 섀도잉 계획서 〉

● 장소 : 구월동 커피숍 , ● 일자 : 6月 19日

경험단계	예상되는 행동	확인 사항	담당자
준비단계 (일어나기 전)	1. 컵. 식기를 정리한다 2. 컵. 식기 등을 정리하지않고 트레이 위에 얹는다	● 자리에서 일어나기 전 정리하는 빈도	강자욱 강민하
이동단계	1. 퇴업대로 간다 a. 퇴업대에 둔다 b. (직원요청에 의해) 다시 반납대로 간다 2. 반납대로 간다 a. 그냥 두고간다 b. 정리를 한다	● 반납대로 가는 사람의 비율 ● 직원의 거절 이유 ● 고객이 퇴업대로 간 이유 ● 정리를 하고 가는 사람의 비율	강자욱 류수민
정리단계	1. 정리유형 (컵. 식기 등) a. 분리수거 O. 음료 O b. 분리수거 O. 음료 X c. 분리수거 X. 음료 O d. 분리수거 X. 음료 X 2. 정리유형 (쟁반칸) a. 트레이를 반납대 위에 둔다 b. 트레이를 쟁반칸안에 넣는다	● 완전히/부분적으로/ 전혀 정리를 (안)했을 경우. 그 이유와 빈도 ● 쟁반칸 이용빈도 & 이용시 감정과 이유	김태현 김남영

[과제명: 택배 테이프 제거 편리성 향상]

'섀도잉 계획서'

- **장소** : 우체국
- **일자** : 19.06.18

경험단계	예상 행동	확인사항
택배상자 포장	- 박스테이프를 이용해 두번이상 겹쳐 붙일 것이다.	- 포장하는 데 소요시간 - 테이핑 횟수
택배상자 개봉	- 남성보다 여성이 도구 사용빈도가 높을 것이다. - 손으로 뜯다 힘들어 칼을 찾아 개봉할 것이다.	- 도구사용 빈도 확인 - 어떠한 도구를 사용하는지 - 개봉시 어려움·문제점
택배상자 분리	- 상자에 남은 테이프를 완전히 제거하지 않을 것이다.	- 상자분리 방식 - 운송장 제거 여부

[사례] 섀도잉 계획서

[과제명: 대학 재정 확보 방안]

경험 관찰 가이드

일시 : 2019. 08. 14   장소 : 연세대, 인천대

경험 단계	예상되는 행동	확인사항
현수막, 광고 쪽으로 걸어온다.	1. 휴대폰을 보며 걸어올 것이다. 2. 땅만 보며 걸어올 것이다. 3. 전화를 하거나, 친구다 이야기 하며 온 것이다.	1. 무슨 행동을 하며 오는지 2. 이동속도는 어떤지
본 다	1. 걸음을 멈추고 볼 것이다. 2. 지나가면서 힐끗 볼 것이다. 3. 사진을 찍는다. 4. 휴대폰에 메모를 한다.	1. 무슨 생각이 들었는지 2. 왜 봤는지 3. 주의깊게 봤는지
다시 지나간다	1. 가던 길을 간다.	1. 거창을 실제로 했는지. 2. 내용이 언정으로 끝나는지.
경험 단계	예상되는 행동	확인사항
현수막, 광고쪽으로 걸어온다	1. 걸음 속도가 바를 것이다.	1. 무슨 행동을 하는지 2. 걸음 속도는 어떤지.
보지 않는다.	1. 목적지를 향해 바르게 간다.	1. 왜 안봤는지 2. 지나치며 무엇을 했는지.
다시 지나간다.	1. 가던 길을 간다.	1. 광고가 있다는 사실을 인지를 했는지.

2.섀도잉 결과

① 섀도잉 대상자 : 현장에서 섀도잉을 한 대상자의 정보를 상세히 작성합니다.

② 섀도잉 관찰 내용 : 관찰되는 수요자의 경험, 특이한 행동, 반복적인 행동 등을 작성합니다.

③ 해석 : 섀도잉 내용을 토대로 특이점이나 패턴 등을 분석하고, 어떤 의미나 영향이 있는지 해석합니다.

[양식] 섀도잉 결과서

• 장소 :

• 일자 :

• 섀도잉 대상자 :

경험단계	관찰 내용	해석

[사례] 섀도잉 결과

[과제명: ○○○ 수산시장의 파리 퇴치 방안]

섀도잉 결과서 ①

- 장소 : 소래포구 수산시장   • 일자 : 2019년 06년 19일 (WED)

- 섀도잉 대상자 : 수산시장 <u>방문객</u>

경험 단계	관찰 내용	해석
가시적 경험 (시각적)	- 고개를 빼고 손가락으로 가리키며 동행인과 대화를 나눔. 표정의 변화는 미비. - 제품 구경 후 질문.	- 행동을 보고 상인이 접근하면 대화를 시작하거나 지나침. (구매 의향에 따라) - 손님이 많은 가게는 더 많은 관심 표현.
직접적 비격 경험	- 손가락으로 누르거나 터치하는 경우 있음. - 말린 제품의 경우 맛본 후 시식. - 질문을 통한 가격 문의. - 원산지는 대화를 통해 확인하지 않음. 상인이 먼저 언급하거나 적혀있음.	- 신선도, 건조 정도 등 상품의 상태를 확인함. - 시식을 통해 상품을 평가 (구매에 영향) - "이거 얼마에요 / (상품명) 얼마에요 / 이거 어떻게 먹어요 (조리방법문의) / 이거 어떻게 팔아요 (판매 단위 문의)

[사례] 섀도잉 결과

[과제명: ○ ○ ○ 수산시장의 파리 퇴치 방안]

섀도잉 결과서②

● 섀도잉 대상자 : 건어물 판매상인

경험단계	관찰 내용	해석
해충퇴치	- 파리채, 손을 사용할 때, 제품에 닿는 경우 있음. - 파리채를 생선 위에 올려 놓는 경우 있음. - 회전형 해충퇴치기는 절반 이상 사용중 ·전기시설이 없는 위치의 가게는 회전형 해충퇴치기 사용불가 상황 - 모기향은 모든 건어물 상점이 사용중 - 판매하는 상품에 커버사용 하는 곳 없음 - 파리 끈끈이 사용하는 경우 있음	- 파리채, 손은 일시적인효 있음 - 회전형 해충퇴치기는 작동 범위는 비교적 효과 있음, 범위 밖은 효과 미비 - 모기향은 98% 사용중임에도 불구하고 효과 없음 (관습적으로 사용하는 듯) - 해충 퇴치 위해 반건조 생선 위에 커버를 씌우지 않음 - 건조 과정에서 모이는 파리 처리 위해 사용
진열	- 포 뜨지 않는 반건조 생선은 매달아 놓음. (초기굴비 등) - 오래 된 플라스틱 소쿠리, 신문지 위에 올려놓는 경우 있음. - 그물망 안에서 건조되는 포를 뜬 생선도 있음. 포뜨지 않고 매달려 건조되는 생선은 벌레의 표적이 됨.	- 회전형 해충 퇴치기 작동 범위 밖, 모기향을 매달아 놓음. - 반건조 생선 가게들에서는 세척하는 모습 못함. 판매후 세척 과정 없이 생선 재진열. - 그물망 안에서 건조되는 생선 에는 파리 접근 불가능, 탈 부착이 편리한 상태 아님 (못으로 그물고정)

[사례] 섀도잉 결과

[과제명: 택배 테이프 제거 편리성 향상]

'섀도잉 결과서'

- 장소 : 우체국 · 일자 : 19.06.19
- 섀도잉 대상자 : 우체국 이용고객

경험단계	관찰내용	해석
택배상자 포장	- 우체국 ①호 상자의 경우 윗·밑면 1번씩 테이핑 → 포장하는 데 1분 미만 - 우체국 ⑤호 상자의 경우 윗·밑면 ⊞ 의 형태 → 포장하는 데 3~6분 테이핑 횟수 가로 2~3회 세로 3~4회 - 2개의 우체국을 방문 ① 연세대 우체국 → 커터기 O ② 송도 우체국 → 커터기 X → ①의 경우 택배포장속도 빠름 - 20대 중국인 커플 ⑤호상자 세로 2번, 양사이드 (모서리) 2번씩 윗·밑면 2번씩 - 옷 3개 넣음 남: "더쳐. 더쳐" (반복적으로)	→ 크기가 작으면 무게도 적고, 포장이 안뜯어 질거라는 심리적인 안도 → ⑤호 (세로 2번, 모서리 1번씩, 바닥 2번) → 3분 ; 40대 아주머니 같음 커터기 많이 사용해볼 것 6분 ; 박스 15개를 빈틈없이 넣음 뽁뽁이 후 밀봉 → 딱맞음 꼼꼼이 아줌마 : 커터기 X 가위 O ⑤호 박스정도를 만들어옴 (사오셨면) → 송도 2배로 느려짐 ·· 우체국 회전율 느려짐, 다른 소비자에게 짜증 유발할 수있음 → 〈연대우체국〉 집에서 포장한 택배가 우체국 에서 포장한 것 보다 테이핑 多 ·· 우체국에서 포장시 뒷사람 눈치를 봄

[사례] 섀도잉 결과

[과제명: 택배 테이프 제거 편리성 향상]

'섀도잉 결과서(2)'

- 장소 : 홈플러스   · 일자 : 19.06.19
- 섀도잉 대상자 : 대형마트 이용자

경험단계	관찰내용	해석
택배상자 개봉	- 상자 취급주의 표시가 상자 용도별로 다르다. (과자, 라면, 식용유···) ※ 취급주의, 적재방향주의, 밟지마시오, 갈고리질하지마시오 → 테이프없이 포장된 상자 ㅇ - 박스마다 위·아래의 견고함 정도가 다르다. ? 피존박스는 왜 ▱ 이런모양? 일반박스는 ▭ 이건데 ? 적재가이드가 표시된 박스 ㅇ ex) 샤프란 박스 ? 모서리 부분이 박스의 바깥 부분을 감싸고 있다. (돌출됨) ? 개봉만 하는 마트에서 왜 다 쓴 테이프가 있을까?	→ 우체국에도 용도별로 다른 박스가 구비되어 있으면 테이프 과사용을 막을 수 있지 않을까? → 테이프가 꼭 포장에 필수요소는 아닌 것 같다 → 개봉부위가 좁으므로 물건이 빠질 가능성이 적어진다. ⬛ 크리넥스 로션, 좋은느낌, 하기스 등 → 결국 돌돌부위 찢어짐 → why? → 기계가 포장, (눌리지 말라고) 옆박스랑 틈을 만들어준다 → 내부에서 고정이 잘 된다면 (= 빈공간이 없다면, 움직이지 X) 외부포장의 부담이 적어진다 - 테이핑 안하고 풀로 대체가능 (쌍화골드) - 테이핑 조금만 해도 가능 (우체국 커터 어중 ㅁ)

[과제명: 택배 테이프 제거 편리성 향상]

'섀도잉 결과서(3)'

- 장소: 우체국, 홈플러스 · 일자: 19.06.19
- 섀도잉 대상자 : 우체국, 대형마트 이용자

경험단계	관찰내용	해석
택배상자 개봉	- 종이컵 박스 바닥(특) 조립식임 → 풀, 테이프 X	→ 가벼운 박스는 이렇게도 함
	- 종종 절심박힌 상자도 있다.	→ 박스 재질이 더 견고하고 두껍다
	- 왜 박스는 다 네모모양인지	→ 적재효율을 높이기 위해?
	- 왜 박스는 다 종이일까? ex) 물안경 플라스틱	→ 질긴 플라스틱으로 쓰면 방수에 더 좋을 것 같음 but. 누르는 힘에 약해서 안씀.
	- 박스에 종이분리배출 표시	→ 종이 재활용이 안되는 종이도 있을 것 같다.
	- (우체국 그림) 개인포장 박스 적재시 가장 아래부분에 위치해 다른 적재물들에 의해 눌림 → 상자가 변형되면서 데이밍 벌어짐	→ 직사각형 박스형태 포장은 특정 부위에 눌리면 변형이 잘 되는 것 같다. (설형포인트) 네모형태에 따른 견고함 정도 확연해 보기)
	- 안에 박스가 들어있는 이중포장의 박스들은 옆면으로 개봉하게 되어있다	
	- 진열용 박스는 점선이 있다	
	- 오뚜기 특 옆면 자꾸 뜯음 (손잡이도 있다)	→ 박스를 배기 쉽게 하려고

[사례] 섀도잉 결과

[과제명: 대학 재정 확보 방안]

8.14 경험 관찰 보고서

장소 / 관찰 내용 / 해석

도서관 로비
└ 입간판, 게시판, 디스플레이
　(가짓수 4개)

① 부채질하며 앞만 보고 감.
　"아 더워 아 진짜 더워."
② 옷을 펄럭이며 땅을 보고 감
③ 쳐다보고 바로 고개 돌림
④ 학생증을 챙기느라 고개를 들지 않음

→ 더워서 빨리 들어가느라 주위를 살펴볼 시간이 없다

→ 광고 통보물이 매우 많음에도 불구하고 이동 통로라는 특성상 주의깊게 보지 않는다.

→ 소지품이 많아 볼 여유가 없다.

→ 노래에 집중하느라 홍보물에 관심이 없다.

→ 할 것이 없어서 게시판에 특별히 관심이 간다.

교내카페
└ 포스터, 팜플렛, 입간판, 디스플레이

① 한 손에 커피, 한 손에 핸드폰.
　앞만 보고 감 →빨리 많은 생각에
　게시판 관심 ✕
② 이어폰을 꽂고 앞만 보고 감

건물내 엘리베이터 앞
└ 게시판, 입간판

① 기다리면서 층별 안내도를 보고 게시판을 유심히 봄
　→ 그냥 무심코 봤는데 공고전에 관심이 생김

건물 입구
└ 입간판

① 핸드폰을 보며 캐리어를 끌고 나감
　→필요수 과목이 있는지 인지 ✕.

→ 빨리 이동하는 상황 + 무거운 짐 때문에 주위에 관심이 없다

건물 사이 공터
└ 현수막

② 멈춰서 (사진)을 찍어감

① (음연증) 두리번거리다가 현수막을 봄
　→현수막 존재 인지
② 현수막을 그냥 지나침

→ 더 자세히 알아보기 위해서, 지인들과 공유하기 위해서, 많은 정보를 그 순간에 다 봉수없어

→ 옆은 정적인데 심심해서 눈은 계속 움직인다.

→ 홍보내용에 대한 기대감이 없다.

[과제명: 아파트 분리수거 환경 개선]

섀도잉 결과서

- 장소 : 삼성럭키아파트
- 일자 : 2019년 8월 14일 수요일
- 섀도잉대상자 : 입주인, 경비원

경험단계	관찰내용	해석
1. 쓰레기를 들고 나온다	- 수거장에서 분리한다	- 집에서 하기 귀찮고, 번거로워서 (공간부족)
	- 소량으로 들고나온다	- 나오는 김에 버린다
	- 주로 외출복 차림	- 손에 묻히기 싫어서
2. 쓰레기 버리기	- 장갑을 들거나 끼고나옴	
	- 얼굴을 찡그린다	- 냄새나고 하기 싫어서
	- 음식물 쓰레기를 봉지채로 버린다	- 손에묻고, 국물이 튀고, 냄새나고 귀찮아서 (간혹실수발생)
3. 버리고 난 후	- 주변이 더러워진다.	- 의도치않게 실수로 발생
	- 비닐을 버리고 손을 씻음	- 손에 묻고, 찝찝해서
	- 귀가 / 외출	- 귀가 < 외출 (1 : 6)

[과제명: 영화관 관리효율 향상 방안]

섀도잉 결과서 ①

- **장소 : 송도 메가박스**
- **일자 : 2019. 8. 14**
- **섀도잉 대상자 : 홀청소 직원**

경험단계	관찰내용	해석
빨대유무 주시(티슈) (메아리)	1/3 정도 비었을 때 채움 +티슈도 동시에 교체 +무표정	끊임없이 확인하는 멀티플레이 요구 · 반복된 업무에 대한 지침
바닥청소	· 메가박스 +트리플스트리트 직원이 함 →맨 손으로 큰 쓰레기 치움 빗자루로 쓴다. · 예민해 보이는 표정, 지친표정 · 행동 : 빠른 손놀임, 주변 두리번	· 업무의 역할분담이 명확함 · 고객에 대한 눈치살핌
쓰레기통 & 선반 청소	· 음료만 분리 · 모든 쓰레기 일괄 배출 · 맨 손으로 정리	· 장소 이동 후 2회 3회 분리비용예상
대기 및 휴식		
공간 정리		

[사례] 섀도잉 결과

[과제명: ㅇㅇㅇ 해수욕장 '라이더 안전'을 위한 자전거 도로 개선]

자전거 도로에 표지판을 만들어 설치하고 도로 보행자를 관찰하는 실험을 한 사례입니다.

표지판 실험

관찰시간 : PM10:40 ~ PM11:30 (야간)
관찰내용 : 01. 자전거 전용 표지판을 인지하는가?
           02. 어떤 행동의 변화와 반응이 나타나는가?

표지판 실험결과

① 표지판을 인지한다   ② 표지판을 쳐다본다   ③ 보도로 이동한다

⌄

'행동변화'를 유발할 시각적 요소가 필요!

[사례] 섀도잉 결과

[과제명: 아이들의 놀이터 활성화 방안]

섀도잉을 할때 대상자들의 행동을 관찰한 내용과 그들이 하는 말을 인용문 형태로 구분하여 정리한 사례입니다.

- 방문장소 : 체육공원(지곡) / 포항제철초등학교 / 지곡아파트 단지 / 제철유치원 앞 놀이터
- 인터뷰 대상자 정보 : 공원 관리인, 유치원 학부모(3세, 6세), 초등학생(1, 3, 6학년)

- 행동관찰
- 모래 놀이터가 부족해 잔디밭에서 땅을 파며 놀거나, 비탈게 모여서 놂.
- 둥그런 인라인 스케이트장을 활용하여 달리기 시합을 함
- 놀이터 내 낮은 놀이기구 이용 대신 높은 구조물에 올라가서 놂.
- 잔디밭에서 축구연습을 하는데 축구골대가 없어서 아빠가 골대, 골키퍼 역할을 함
- 잔디밭에 있는 꽃, 개미, 풀을 통해 자연관찰을 즐김
- 너블링과 물총등의 장난감을 들고와서 친구들과 역할놀이를 즐김
- 인라인 스케이트장에서 아이들이 친구들과 함께 인라인 스케이트를 탐.

- 인용문
" 놀이터에서 모래로 땅난 치는게 제일 좋아요! "
" 놀이기구 저와 맞지 않기 때문에 재미가 없어요... "
" 놀이터가 제가 놀던 시절이랑 변한게 없어요. 테마놀이터같은 창의적 놀이터가 생겼으면 좋겠어요 "
" 친구들이 없는 놀이터는 아이가 안가고 싶어해서 애들이 모여 있는 곳으로 찾아가요 "

[사례] 섀도잉 결과

[과제명: 시외버스 내부 환경개선]

섀도잉(경험관찰) 결과를 시간의 흐름별로 정리한 사례입니다.

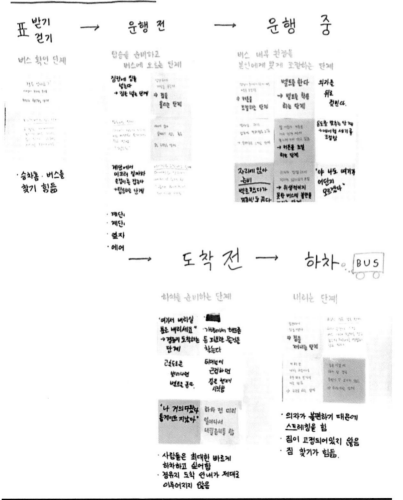

명목집단법(Nominal Group Technique)은 여러 대안들 중 하나를 선택하는

데 중점을 둔 구조화된 집단의사결정 방법입니다.

'명목(名目)'이란 독립적으로 행동하는, 이름만으로 집단을 구성함을

뜻합니다. 구성원들이 모이기는 하나 구두로 서로 의사소통 하도록

용납하지 않는 과정을 뜻합니다. 따라서, 의사결정 진행 중 팀원들 간의

토론이나 의견 개진이 허용되지 않습니다. 그렇기에 '명목'이라는 용어가

사용되며 'NGT'라고도 합니다. 명목집단법은 의사결정 방법론이지만 현장

관찰 결과를 정리하는데도 유용하게 사용할 수 있습니다.

〈진행방법〉

1.5~10명의 구조화 된 집단모임으로 테이블에 둘러앉기는 하지만 서로

말하지 않고 종이에 의견을 기록하고, 5분 후에 각자가 자신의 의견을

발표하여 공유합니다.

2.지명된 한 사람이 기록자로서 화이트보드에 구성원 전체의 모든 의견을

익명으로 기록하고, 그때까지 토의는 시작하지 않습니다.

3.투표를 하기 전에 각 의견에 대한 구조적 토의가 이루어지는 과정에서 각

아이디어의 지지도를 분명히 하기 위해 질문을 계속 합니다.

4.필요할 경우 투표를 통해 우선순위를 결정합니다.

심층인터뷰

심층 인터뷰(In-depth interview)는 그 동안 조사한 내용을 토대로 더욱 심도 있는 질문을 통하여 수요자의 숨어있는 욕구를 파악하기 위한 방법론입니다.

1.심층 인터뷰 실시

심층 인터뷰는 두 가지의 방법으로 할 수 있습니다.

첫째는, 현재까지의 내용을 토대로 좀 더 깊이 알고 싶은 내용을 STEP2의 인터뷰 방식과 동일하게 인터뷰 가이드를 작성하고 인터뷰를 실시하면 됩니다.

둘째는, 섀도잉 후 바로 심층 인터뷰를 병행하여 진행하는 것입니다. 섀도잉 후 관찰된 내용 중 의문점이나 좀 더 알고 싶은 내용을 수요자에게 바로 인터뷰를 통해서 확인하면 좀 더 구체적이고 실제적인 인터뷰를 실행할 수 있습니다.

심층 인터뷰의 진행 방법은 STEP2의 인터뷰와 동일합니다.

> ◀))) 주의사항
>
> **예상 내용을 확인하려 하지 마세요.**
> 심층인터뷰를 할 때 우리가 예상하고 있는 내용을 확인하려 하거나
> 수요자에게 아이디어를 구하려 하지 말아야 합니다.
> 이런 행동은 수요자와의 깊숙한 공감을 만들지 못하고 더 이상 나아가지
> 못하며 현 수준에서 머무르게 될 가능성이 높아집니다.

[사례] 심층 인터뷰

[과제명: 버스 승차 성공률 향상]

심층 인터뷰에서 정량적 방식과 정성적 방식을 병행한 사례입니다.

✳ 심층 인터뷰 결과 ✳ (승객편)

Q. 정류장에서 버스를 기다리다 버스를 놓친 적이 있다?

총 30 명
[있다 27명
  없다 3 명

있다 90%
없다 10%

Q. 있다면, 그 이유는?

1. 기사님 51.9% (14명) - 과속, 고속 지나침 등
2. 나 37.0% (10명) - 휴대폰, 먼 것 등
3. 기타 11.1% (3명) - 신호등, 어둠의 부적대서. 만원 버스

Q. 탑승의사 표현 방법
1. 손을 흔든다. 43.3% (13명)
2. 앞으로 나간다. 23.3% (7명)
3. 기타 33.3% (10명) - 지갑 꺼내기

Q. 버스 기다릴 때 뭐하시나요?
1. 폰 사용 90% (27명)
2. 전광판 (버스 시간 안내판) 3% (1명)
3. 기타 6.7% (2명) - 구경, 멍

✳ 심층 인터뷰 결과 ✳ (교통행정과 편)

Q. 버스를 놓친 승객의 민원이 많이 들어오나요?

A. 네! 많습니다.
버스관련 민원 중 운행시간 미준수, 안전준수 위반,
승하차벨 등 많은 버스관련 민원들이 있지만
무정차 통과가 제일 많습니다.

Q. 그런 민원은 어떻게 처리 하시나요?

A. 민원이 들어오면, 일단 CCTV를 확인 합니다.
CCTV를 확인 해보면 기사님의 잘못 보다
승객들의 잘못인 경우가 많습니다.
스마트폰을 보느라 버스를 놓치는 것이죠!

[사례] 심층 인터뷰

[과제명: 소형 반려견의 슬개골 탈구 방지]

심층 인터뷰에서 동의 하에 전문가의 음성 녹음 인터뷰를 한 사례입니다.

전문가 인터뷰(대잠동 OO동물병원 원장님)

Q1. 슬개골 탈구로 병원에 찾아오는 비율은 어떻게 되나요?

Q2. 슬개골 탈구로 인해 발생하는 합병증은 어떤 것이 있나요?

Q3. 슬개골 탈구를 예방하기 위한 방법은 무엇인가요?

Q4. 슬개골 탈구가 발생했을 시, 치료방법은 무엇인가요?

[사례] 심층 인터뷰

[과제명: ○ ○ ○ 쇼핑몰 고객 편의 증대]

2장 공감하기

[사례] 심층 인터뷰

[과제명: 아이들의 놀이터 활성화 방안]

주변 선생님에게 물었다

포항 리O유치원
3년차 26세 ♀
· 요즘 키즈카페가 잘 돼있다. 그러나
· 보통 집에서 장난감 갖고 놀거나, 유튜브, 게임으로
  실내에만 있고 놀이터 이용 X
  야외 놀이터 보다 <u>실내를 선호</u>하는 이유는
  신기하고 주위에서 잘 볼 수 없는 것들이 많기 때문

포항 푸O리 어린이집
2년차 26세 ♀
· 아이들은 실내보다 <u>실외를 더 선호</u>
· 안전상의 문제는 오히려   가 더 많음.
  (한정적인 공간 때문)
  미세먼지는 보통 이상일 경우 나가지 않는다.

부산 푸O유치원
4년차 27세 ♀
· 세균이 꼭 안좋은 것은 아님 ♀ 자연으로부터 유익함을 얻고

주변인에게 물었다.

화성 30대 ♀
(곧 태어날 아이)
실내선호. BUT. 비쌈.
실내서 아기자기할 인테리어,
다양한 놀이시설, 운동 어울린
놀이시설이 많아 좋다.
실외는 위험요인 (화재인 알레르기)
많아 선호하지 X, 개인적인 관심.

대구 27세 男
직접적고 낙후된 느낌으로
실외 선호 X, 수유시설 있는곳
필요 ⇒ 실내선호

감포 31세 ♀
(10살 남아, 6살 여아)
위험하지 않다면 실외 선호
자연친화 놀이터 Want
미세먼지 X → 실외 선택
나쁘다는 아이 생각 덜함.

화성 29세 男
실내선호. 미세먼지와 날씨로
변수. 위험요소 多
애가 좋아하는 것도 좋지만,
아이와 어른 모두 맞출것 원함.

부산 30세 男
(아이 X
산후복지)
<u>야외 놀이터 선호.</u>
뛰어놀 공간 <u>필요.</u>
물놀이 관련시설 원함.
(낸때) 아이가 좋아하는 곳으로 선택

포항 35세 ♀
(망카페회원)
유아일 경우 상상력
이끌음이 중요하므로
키즈카페 아닌 <u>실외선호</u>
키즈카페는 어른들이 놀이를
지나치게 간섭하려는 경향
있어 아쉬움.

좋아 남궁 꼬임 없음
어린이 경우 모험이
허락되고 재료, 도구를
다루고 익히는 실내공간이
좋다 생각

지곡동 경우 자연환경이 좋다

Focus Group Interview는 표적 시장으로 예상되는 수요자를 일정 기준에 따라 10명 내외로 선정하여 한 장소에 집합 후 진행자에 따라 과제 관련 주제를 토론하는 가운데 자료를 수집하는 도구입니다.

본 도구는 특정 주제에 관련하여 대상자들의 감정이나 태도, 생각 등을 파악하는 것에 장점을 갖고 있습니다.

〈진행방법〉

1.조사 대상 선정 : 서비스의 표적으로 예상되는 수요자를 선정합니다.

(연령, 경제 수준, 소비 패턴 등의 기준으로 10명 내외)

2.인터뷰 가이드 작성 : 주제 설명, 질문의 요지 등을 작성합니다.

3.토의 진행 : 부담 없는 분위기를 조성 후 토의를 진행합니다.

4.관찰 및 분석 : 진행자는 필요시에만 개입하고 토의 내용을 관찰하거나 분석하는데 집중합니다.

출처:https://weloty.com/how-to-transcribe-a-focus-group-discussion

[사례] 단계별 정리

[과제명: ㅇㅇㅇ 해수욕장 '라이더 안전'을 위한 자전거 도로 개선]

공감 단계의 마지막 부분에서 전체적인 정리를 한 사례입니다.

공감단계 돌아보기

1차 관찰	가정했던 행동 및 대상 외, **새로운 대상 및 행동 발견** (취객/애완견동반 보행자/가족단위의 무리/관광객 무리/운동하는사람)
이해 관계자	깊이 관찰할 대상으로 **"보행자/애견주/취객/버스킹"**을 선정
섀도잉	**구간별 특징이 두드러지게 나타나는 현상**을 관찰
A,B 테스트	**2가지 인사이트 발굴** A. '인지'를 넘어, '행동변화'가 필요하다 B. '행동변화'를 유발할 시각적 요소가 필요하다
인터뷰	자전거도로와 보도공간의 **확실한 분리에 대한 니즈** 파악

Define_문제 정의하기

· DEFINE PROCESS ·

프로파일   여정 맵   최종문제정의

페르소나   핵심요인도출

문제 정의하기 단계는 관찰과 인터뷰 등을 토대로 조사된 자료들로부터

인사이트를 도출하고, 수요자의 욕구를 충족시킬 수 있는 새로운 가치를

창출하기 위해 진짜 문제(Real Problem)을 정의하는 단계입니다.

어떤 상황에서 누군가에겐 문제가 되기도 하지만, 다른 누군가에겐 전혀 문제가

되지 않기도 합니다. 따라서, 진짜 문제를 정의한다는 것은 특정한 수요자가

겪고 있는 불편함, 내재되어 있는 속 사정, 욕구 등을 그들의 입장에서 찾고,

정의하는 것입니다.

결국, 진짜 문제란 수요자 관점에서의 문제를 이야기 하는 것입니다.

수요자 프로파일

수요자 프로파일(Profile)은 대상 서비스를 사용하는 사람은 누구이고, 그들이 어떤 욕구를 갖고 있는지, 우리는 어떤 가치를 그들에게 제공해야 하는지를 알기 위해 수요자의 특성을 파악하는 방법론입니다.

1. 수요자 프로파일 작성

수요자가 대상 서비스를 경험할 때의 내용으로 각 항목들을 작성합니다.

① Eyes : 보는 것   ② Brain : 생각 하는 것

③ Ears : 듣는 것   ④ Mouth : 말하는 것

⑤ Heart : 느끼는 것   ⑥ Hands : 만지는 것

⑦ Feet : 가는 곳, 발로 걷는 것

[양식] 수요자 프로파일(Profile)

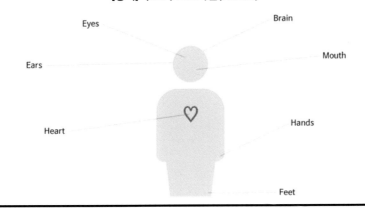

페르소나

페르소나(Persona)는 유사한 행동 패턴을 갖고 있는 수요자들을 하나의 그룹으로 정의하여 마치 한 사람의 개인처럼 가상의 수요자 모델을 만드는 방법론입니다.

가상의 수요자 모델을 만들지만, 허구의 인물을 만드는 것이 아니고 실제로 관찰한 인물을 가상화 하는 것입니다.

페르소나를 정의한다는 것은 '내가 누구의 문제를 해결 해야 하는가'를 알게 되는 것입니다. 따라서 페르소나를 정의 할 때 해당 과제의 서비스에 대해 유사한 경험을 가진 수요자들을 하나의 페르소나로 정의하고 그들이 실제로 어떤 특징을 갖는지, 어떤 요구사항이 있는지, 어떤 경험에서 불편해 하는지를 면밀히 정의하는 것이 중요합니다.

페르소나를 통행 수요자들이 왜 그런 행동을 하게 되는지 추론할 수 있고, 그들이 갖고 있는 문제를 정의하는데 기반이 되는 요소를 찾을 수 있습니다.

가능한 많은 페르소나를 정의하는 것이 좋으나, 과제수행의 기간에 따라 수량을 조절하는 것이 좋습니다.

> ### 🔬 개념이해
>
> **페르소나(Persona)의 사전적 의미**
> 다른 사람들 눈에 비치는, 특히 그의 실제 성격과는 다른, 한 개인의 모습

1. 페르소나 만들기

① 인물의 요소 : 이름, 성별 등 페르소나를 잘 이해할 수 있도록 작성합니다.

② Needs : 페르소나가 원하는 욕구를 작성합니다.

③ Tasks : 페르소나가 대상 서비스와 관련하여 하는 행위(일)를 작성합니다.

④ 특징 : 페르소나의 특별한 행위 및 관찰 사항에 대해 작성합니다.

⑤ 시나리오 : 페르소나의 대상 서비스 경험을 시나리오 형태로 작성합니다.

[양식] 페르소나(Persona)

· 이름 :

· 성별 :

· 나이 :

· 직업 :

· 가족 :

· 성격 :

· 관심사 :

· Needs
  -
  -
  -

· Tasks
  -
  -
  -

· **특징**
  -
  -
  -

· **시나리오**

[사례] 페르소나

[과제명: ㅇㅇㅇ 마트 불편 해소]

[사례] 페르소나

[과제명: ㅇㅇㅇ 마트 불편 해소]

✳ 페르소나 ✳

이름: 김숙
성별/나이 : 여 /46세

• 직업 : 대형마트 캐셔
• 가족 : 3인 가족
• 성격 : 소심함, 꼼꼼함
• 관심사 : 아이의 진로, 집, 가족들의 식사

✳ 특징 ✳
① 마트 캐셔 경력 5년차
② 교대근무를 함
③ 매출 1위 매장에서 근무

✳ Needs ✳
• 휴식 • 빠른 계산 시스템
• 빠른 바코드 스캔 속도
• 자발적으로 도움을 주는 손님

✳ TASK ✳
① 출근하기 전 가족들 식사 챙기기
② 출근 후 교대근무자에게 인수인계 받기
③ 세요료 혜택 확인
④ 계산하기 (바코드 스캔하기)
⑤ 손님들에게 포인트 번호, 결제 수단, 상품권 사용 여부 묻기
⑥ 영수증 전달하기
⑦ 정산하기

✳ 경험 시나리오 ✳

[사례] 페르소나

[과제명: 모래 걱정 없는 ○○○ 해수욕장]

페르소나_ 아이동반 가족
"당신이 빨래 할거야 ?"

Needs
- 유모차가 모래사장에 자유로이 다니길 원함.
- 아이를 간단하게 씻을 수 있는 것을 필요로 함.

Tasks
- 아이 돌보기 (챙기기)
- 아이 화장실에 데려가기
- 아이에게 필요한 외출용품 챙기기

특징
- 집안일을 싫어해서 빨래감을 최대한 줄이고 싶어함
- 남편이 아이와 야외활동 하는것에 부정적
- 육아문제로 남편과 싸움이 잦음

이름 : 강 청담
성별·나이 : 여자 33세
직업 : 초등학교 교사
가족 : 남편. 2세 남아
성격 : 아이에게 한없이 너그러움.
       남에겐 까다로운편
관심사 : 육아
주소 : 친정은 포항이고
       청담 자이 아파트 거주

경험시나리오
① 일요일을 맞아 바다 피크닉을 위해 육아용품을 챙겨서 차로 이동.
   (물티슈·기저귀·휴지·장난감·유모차·돗자리…)
② 주차 후. 물품을 챙기고 유모차를 가져가려 했으나 모래사장에 들어갈 방법이 없는 것을 알고 다시 트렁크에 넣음.
③ 아이를 남편이 안아서 모래사장으로 들어가 바다근처에 돗자리를 깔아 자리를 잡음
④ 아이와 남편은 돗자리 근처에 자리잡아 모래성을 쌓기위해 온몸으로 흙을 퍼다나름.
⑤ 격분한 청담씨는 돗자리로 올라오라며 소리침 (아미 온몸이 흙투성이 가 되어있음)
   그 모습을 봄

⑥ 피크닉 후. 아이를 씻기기 위해 공중화장실 세면대에 쓰여진 안내문을 무시하고 씻김
   (안내문 □□□□)
⑦ 모래로 막힌 세면대를 보았지만 무시하고 차에 태우고 집으로 들어감.
⑧ 집에 돌아온 청담씨는 바다의 흔적인 빨래감을 보며 한숨을 쉼.

[사례] 페르소나

[과제명: 푸드 공유 플랫폼]

페르소나 (장보는 人)

- 이름 : 남 노경
- 성별/나이 : 여 /20
- 직업 : 대학생
- 가족 : 2남 1녀중 막내
- 성격 : 활발, 진취적
- 관심사 : 요리, 유튜브

Needs
- 본인에게 필요한 만큼의 재료/음식
- 할인 쿠폰
- 장보는 시간

Tasks
- 마트가기, 장바구니 담기
- 재료선정, 리스트작성, 요리채널 보기

특징
- 다양한 요리에 관심이 많아서 요리관련 유튜브 구독
- 레시피와 재료 리스트를 기록

시나리오

[사례] 페르소나

[과제명: 대형 마트 편의 개선]

✱ 페르소나 ✱

이름: 김숙
성별/나이: 여 /44세

º직업 : 대형마트 캐셔
º가족 : 3인 가족
º성격 : 소심함, 꼼꼼함
º관심사 : 아이의 진로, 집, 가족들의 식사

✱특징✱
① 마트캐서 경력 5년차
② 교대근무를 함
③ 매출 1위 매장에서 근무

✱Needs✱
·휴식   · 빠른 계산 시스템
· 빠른 바코드 스캔 속도
· 자발적으로 도움을 주는 손님

✱TASK✱
① 출근하기 전 가족들 식사 챙기기
② 출근 후 교대근무자에게 인수인계 받기
③ 새로운 혜택 확인
④ 계산하기 (바코드 스캔하기)
⑤ 손님들에게 포인트 번호, 결제 수단, 상품권 사용 여부 묻기
⑥ 영수증 전달하기
⑦ 정산하기

✱경험 시나리오✱

[과제명: 택배 테이프 제거 편리성 향상]

PERSONA 1 - 나둥구

NEEDS

도구에 다치지않기
도구로 제품을 훼손하지 않기
택배를 빠르게 개봉하기

TASKS

택배 수령, 도구 준비, 택배 개봉,
내용물 꺼냄, 박스 해체

특   징

택배를 자주 시킴, 도구 사용에 능숙함,
손으로 뜯다 실패한 경험이 있음,
효율적으로 행동하길 원함

시나리오

칼에 베일까봐 두려움

제품 훼손 가능성 · · ·
꼬ㅐ칩

테이프 제거 어려움 (분리수거시)

[사례] 페르소나

[과제명: 영화관 관리효율 향상 방안]

페르소나 (티켓팅 직원)

이름 : 표드림
나이 : 24 세
성격 : 사교적, 배려깊음
관심사 : 돈, 쇼핑, 친구,
          연애

TASK
고객질문응대, 손님호출, 발권,
상영관 및 시간표 안내, 좌석안내, 할인 및 적립
결제안내, 포함인   안내,

NEEDS
무인발권기의 활성화, 무인발권기의 할인적립
기능, 혼잡시 불편함 해소, 업무량 감소
손님들의 친절한 태도

경험 시나리오

[과제명: 영화관 관리효율 향상 방안]

페르소나 (분리수거담당자)

이름: 리분
나이: 51세
성격: 빠릿함

TASK
쓰레기통 청소, 분리수거 쓰레기통 주변 청결유지, 화장실 비품정리
일반쓰레기 및 음료 2차 분류 (손님이 1차분류)

NEEDS
적절한 청소도구, 휴식, 체계적 업무분담
명확한 쓰레기 분류기준

경험시나리오

[사례] 페르소나

[과제명: ㅇㅇㅇ 수산시장의 파리 퇴치 방안]

수요자 여정 맵

수요자 여정 맵(Journey Map)은 수요자들이 대상 서비스를 경험하는 내용을 시간의 흐름에 따라 시각화 하여 세밀하게 분석하기 위한 방법론입니다. 여정 맵을 통해 서비스 사용자의 경험을 생생하고 체계적으로 시각화 할 수 있습니다.

일반적으로 수요자의 '여정(경험의 이야기)'은 수요자가 서비스와 상호작용하는 터치포인트(Touch Point)를 바탕으로 구성하며, 터치포인트를 통해 발생하는 수요자의 감정을 설명하게 됩니다. 수요자의 감정 곡선을 활용하여 수요자 관점에서 수요자 경험에 영향을 끼치는 요인에 대한 분석을 하게 됩니다. 수요자 여정 맵은 수요자와의 터치포인트가 늘어날수록 복잡해 집니다.

본 과정에서는 조금 쉬운 접근 방법을 사용하여 터치포인트를 사용하지 않고 수요자의 생각(Thinking)을 바탕으로 구성하였습니다.

> **❀ 개념이해**
>
> **터치포인트(Touch Point)의 의미**
> 수요자가 기업과 서비스를 만나는 과정에서 거치는 물리적인 것, 인 적 상호작용, 커뮤니케이션 등의 모든 것

1.수요자 여정 맵 작성

① Doing : 페르소나가 해당 서비스를 경험하는 여정을 시간의 흐름대로 경험 단위로 나누어 작성합니다.

② Feeling : 페르소나가 서비스를 경험할 때 나타나는 감정으로, 좋고 나쁨으로 구분하여 위치를 표시하고 선으로 연결합니다.

③ Thinking : 페르소나가 서비스를 경험할 때 나타나는 생각을 경험 단위별로 작성합니다.

[양식] 수요자 여정 맵(Journey Map)

Doing	
Feeling	
Thinking	

[사례] 수요자 여정 맵

[과제명: 아파트 분리수거 환경 개선]

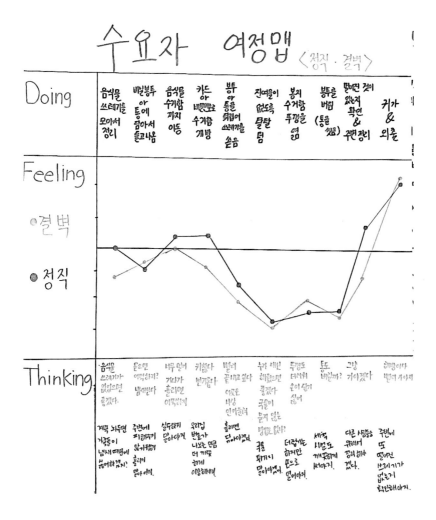

[사례] 수요자 여정 맵

[과제명: 아파트 분리수거 환경 개선]

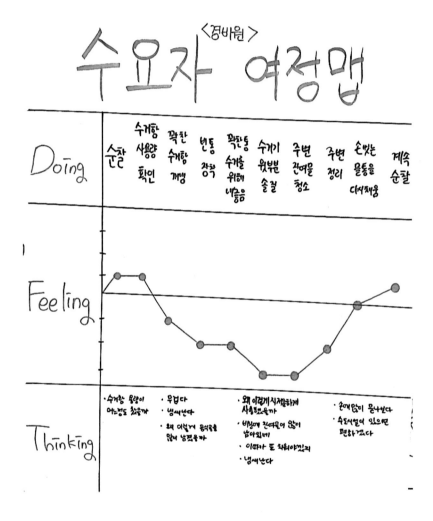

[사례] 수요자 여정 맵

[과제명: 영화관 관리효율 향상 방안]

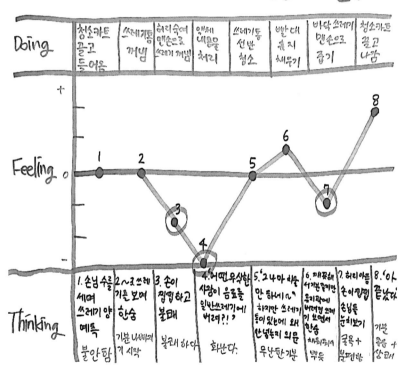

[사례] 수요자 여정 맵

[과제명: 영화관 관리효율 향상 방안]

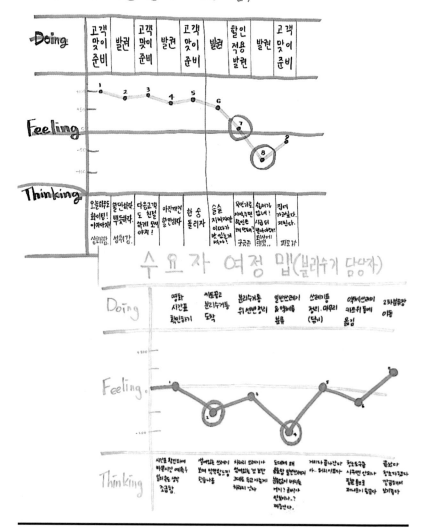

[사례] 수요자 여정 맵

[과제명: SPA 브랜드 Fitting 편의 개선]

감정 곡선의 필요한 부분에 내용을 직접 기록한 사례입니다.

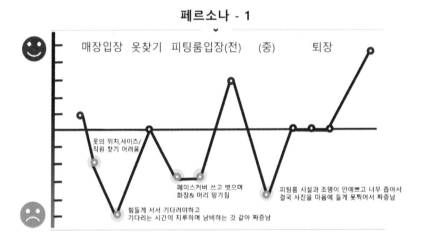

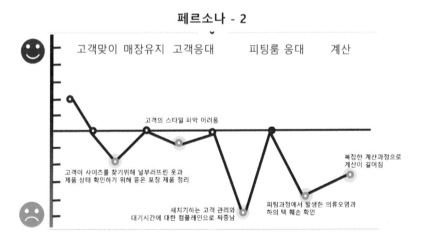

2.수요자 여정 맵 분석

① 일반적으로 해당 페르소나가 서비스 여정 중에 감정의 높이가 낮아지는

부분을 개선 포인트로 확인한다.

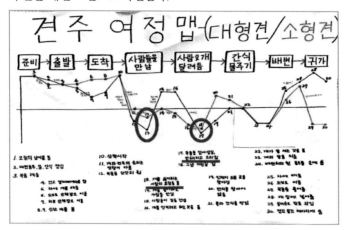

② 감정 곡선이 높낮이와 관계 없이 문제 정의에 필요한 부분은 분석을 통해

특정한 패턴이나, 연관 관계, 이유 등을 도출합니다.

장소	도착	버스 터미널	출발
행동	터미널 도착	결제	버스 탑승 후 목적지 출발

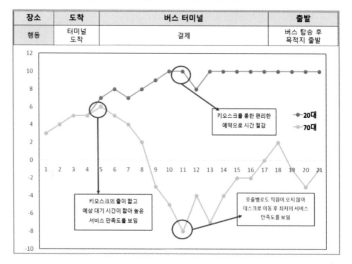

[사례] 수요자 여정 맵 분석

[과제명: 버스 승차 성공률 향상]

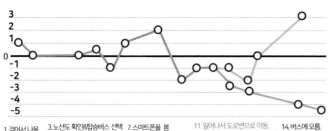

정류장 이동　정류장 도착　버스 기다림　버스 도착　버스 승차

1. 걸어서 나옴.
2. 버스앱 확인

3. 노선도 확인&탑승버스 선택
4. 도착 예정시간 파악.
5. 버스앱과 버스 안내판 시간 비교
6. 정류장에 들어오는 버스 확인

7. 스마트폰을 봄.
8. 버스 어플을 봄.
9. 들어오는 버스를 확인.
10. 버스안내판을 주시.

11. 일어나서 도로변으로 이동.
12. 버스기사에게 탑승 의사표시.
13. 도착한 버스 앞으로 이동.
11-1. 지나가는 버스를 봄.
12-1. 뒤늦게 버스를 보고 뛰어감.

14. 버스에 오름.
13-1. 교통어플과 버스안 내판 시간 다시 확인.
14-1. 다음 버스를 기다림.

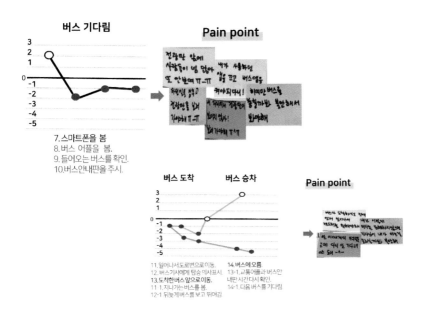

버스 기다림

7. 스마트폰을 봄
8. 버스 어플을 봄.
9. 들어오는 버스를 확인.
10. 버스안내판을 주시.

Pain point

버스 도착　버스 승차

11. 일어나서 도로변으로 이동.
12. 버스기사에게 탑승의사표시.
13. 도착한 버스 앞으로 이동.
11-1. 지나가는 버스를 봄.
12-1. 뒤늦게 버스를 보고 뛰어감.

14. 버스에 오름.
13-1. 교통어플과 버스안 내판 시간 다시 확인.
14-1. 다음 버스를 기다림.

Pain point

[사례] 수요자 여정 맵 분석

[과제명: 쇼핑몰 편의 개선/패티켓]

여러 페르소나의 여정을 동시에 작성하여 서로 비교하면 특징을 분석한

사례입니다.

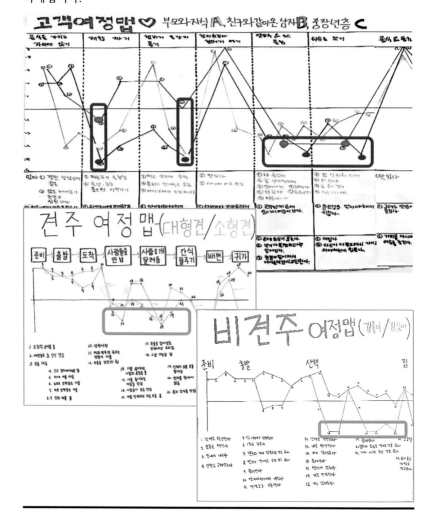

3장 문제 정의하기

[사례] 수요자 여정 맵 분석

[과제명: ㅇㅇㅇ 해수욕장 '라이더 안전'을 위한 자전거 도로 개선]

페르소나와 수요자 여정 맵에서 중요한 부분만 함께 정리한 사례입니다.

"사고" 를 수습하는 경찰

시나리오

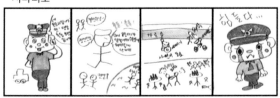

고객여정 ——— 경찰서 공터 해상누각 버스킹 경찰서

감정곡선 0

● 포인트

04. 60대 노인이 공에 맞아 쓰러져 있는 것을 발견한다

13. 가로수길에 앉아있던 취객과 사람들을 피해 가로수로 진입한 라이더의 충돌사고를 목격한다

[사례] 수요자 여정 맵 분석

[과제명: 커피숍 트레이 과적 해소]

핵심요인 도출을 위해 수요자 여정 맵을 정리한 사례입니다.

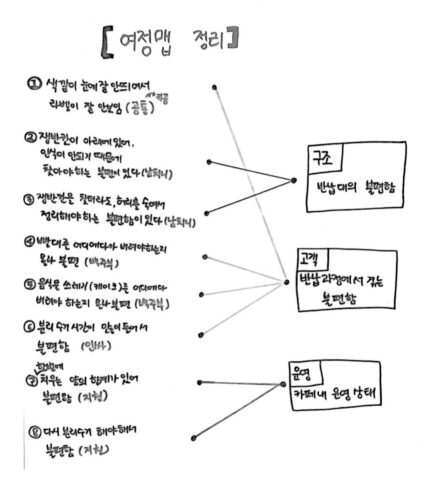

[활용] 공감지도(Empathy Map)

공감지도는 관찰, 인터뷰 등을 통해 얻은 내용을 토대로 숨겨져 있는

인사이트를 발견할 수 있는 도구입니다. 해당 페르소나의 입장에서 아래의

내용을 작성하며 수요자에 대한인사이트를 찾습니다.

1.Think & Feel ： 페르소나가 생각하는 것 → 관심사, 걱정, 열망

2.See : 페르소나가 보는 것 → 환경, 친구, 시장, 상품

3.Hear : 페르소나가 듣는 것 → 친구, 상사 들이 말하는 것

4.Say & Do : 페르소나가 말하고 행동하는 것 → 태도, 모습, 행동

5.Pain : 페르소나에게 고통을 주는 것 → 두려움, 불만, 장애물

6.Gain : 페르소나가 얻을 수 있는 것 → 바라는 것과 욕구, 성공

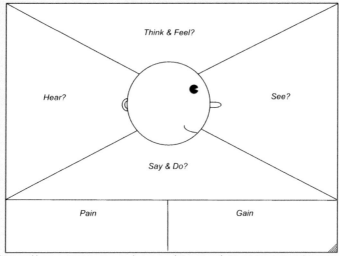

출처:https://www.solutionsiq.com/resource/blog-post/what-is-an-empathy-map

[사례] 수요자 여정 맵 분석

[과제명: ㅇ ㅇ ㅇ 해수욕장 '라이더 안전'을 위한 자전거 도로 개선]

핵심요인 도출을 위해 수요자 여정 맵을 정리한 사례입니다.

개선 포인트 TOP 3

● 낮 라이더
08. 모여있는 무리를 발견하고, 속도를 늦춘다
11. 횡단보도를 건너 막 자전거도로로 진입한 보행자를 마주친다
14. 마주오는 자전거의 경적소리에 놀라, 핸들을 가로수로 꺾는다

● 밤 라이더
09. 보행자가 데리고 온 애완견을 보고, 방향을 튼다
14. 버스킹을 구경하다, 자전거도로로 침범한 관객과 충돌한다

● 러너
09. 좁은 보도로 인해, 자전거도로로 진입하여 달린다
18. 횡단보도를 달려, 자전거도로로 진입하다 달리는 자전거와 마주친다
21. 자전거도로까지 관객들이 침범하여, 가로수 쪽으로 둘러간다

● 애견주
12. 경적을 울리며 다가오는 자전거를 보고, 강아지를 안고 피한다

● 취객
15. 비틀거리면서, 행동반경이 커져 자전거도로에 침범한다
17. 술에 취해, 자전거가 와도 자전거도로에서 피하지 않는다
19. 자전거도로 턱에 앉아, 담배를 피며 주행에 방해를 준다

① 자전거 도로를 침범한다
② 가로수길로 통행한다
③ 주행중, 제동행위를 한다

핵심요인 도출

핵심요인 도출은 여정 맵에서 분석된 자료를 바탕으로 수요자의 행동 패턴과 연간관계를 찾아 과제의 중요한 요인을 발견하는 방법론입니다.

과제의 성격에 따라 여러가지 도구를 사용할 수 있으나, 본 과정에서는 이슈 확인 및 로직 트리를 통한 핵심요인 도출을 사용하겠습니다.

이슈 확인을 통한 핵심요인 도출은 직관적 사고를 많이 사용하여 Insight를 얻는 것이 장점이고, 로직 트리를 통한 핵심요인 도출은 논리적 사고를 많이 사용하여 문제가 되는 원인을 찾아가는 데 장점을 갖고 있습니다.

1.이슈 확인을 통한 핵심요인 도출

이슈(Issue) 확인을 통한 핵심요인 도출은 여정 맵에서 분석된 내용을 기반으로 여러 논의과정을 거쳐 자료 간의 패턴이나 연관관계를 찾아 수요자 경험에서의 중요한 이슈를 확인하는 기법입니다.

많은 정보들 사이에서 중요한 이슈를 확인하기 위해서는 통찰(Insight)이 필요한데, 통찰이란 숨겨져 있는 의미를 찾아 알아 볼 수 있는 의미를 부여하는 것입니다.

산별적으로 존재하는 수 많은 개별 자료들 간의 공통점이나 차이점, 연간관계 등을 새로운 시각으로 바라보는 것이 필요합니다.

[양식] 이슈 확인을 통한 핵심요인 도출

이슈(Issue)	핵심요인

① 이슈(Issue) : 여정 맵에서 분석 내용 중 개선의 필요성이 있는 부분에서

- 수요자들이 원하는 것(Needs)

- 공통점이나 차이점

- 연관관계 및 중요한 패턴

② 핵심요인 : 이슈들을 통해 얻어지는 내용에서

- 숨어있는 의미나 핵심 Insight,

- Pain Point나 개선 기회

[사례] 이슈 확인을 통한 핵심요인 도출

[과제명: 영화관 관리효율 향상 방안]

핵심요인도출

이슈	핵심요인
✔ 불편한 자세로 쓰레기통 비움	사람의 신체구조와 맞지 않는 쓰레기통 구조
✔ 바닥에 팝콘을 끊임없이 흘린다	한번에 많은 양을 집어먹음 흘리기 쉬운 팝콘통 구조
✔ 분리수거 안내에 따르지 않는 고객	불명확한 분류기준으로 인한 정체
✔ 무인기를 통한 지역할인 적용불가	기존의 무인시스템이 할인대상자 인식 불가

[과제명: ㅇㅇㅇ 쇼핑몰 상권 개선]

핵심 이슈도출

이슈

핵심요인

커낼워크 내 이용이
불편한 구조

- 수로를 건너는 다리 개수가 적어
  이동 불편
- 2층으로 올라가기 불편
- 신호등이 있어 동 간 이동 불편
- 계절과 날씨의 영향을 많이 받음

건축물 자체의 특색을
살리지 못함

- 유럽식 건축물 컨셉에 맞지 않는
  사계절 컨셉
- 유럽식 건축물에 어울리지 않는
  조형물 배치
- 유럽 분위기에 맞지 않는 간판과
  광고물

방문객에 비해
낮은 구매비율

- 매장 종류가 한정적
- 경쟁사와 중복 된 상품

인근 거주자들의 유입이
줄어듦

- 아파트 내 시설이 잘 되어 있음
  (야외수영장, 도서관, 키즈카페 등)
- 부족한 행사 유치

[사례] 이슈 확인을 통한 핵심요인 도출

[과제명: 아파트 분리수거 환경 개선]

핵심 요인 도출

이슈 확인

이슈	핵심 요인
〈음식물 쓰레기〉 - 음식물 버릴때, 손에 묻고 튀는것이 불결하다 - 음식물 버릴때, 냄새나고 눈으로 보는게 언짢다	⇨ 비닐과 음식물을 직접 분리해야 하는 시스 이 과정에서 겪는 불편함 청소 불편해지는 손에 들러붙는 번거로움
〈분리수거〉 - 음식이 묻은 종이, 테이프 안뜯고 버리는 상자 - 라벨, 이물질 등을 제거하지 않고 버리는 플라스틱 (ex 프링글스)	⇨ 분리수거 프로세스의 비효율성 제대로 분리되지 않아 재활용 되지 못함
〈흡연〉 - 침 뱉는 행위 - 담배꽁초 바닥에 버리는 행위 - 주변 사람들 눈치 - 여성흡연에 대한 불편한 인식	⇨ 흡연자와 비흡연자 사이에 적절한 합의 부재 (공간 / 시선) 서로 불편함을 느끼는

[사례] 이슈 확인을 통한 핵심요인 도출

[과제명: 시외버스 내부 환경개선]

핵심이슈도출

승객이 기사에 대한 정보나 상태를 알 수 없다	승객은 운행중 운행정보 상황을 모른다.	승객의 벨트착용 여부를 기사님이 알수없다	① 정보 부족으로 인한 심리적 불안정
커튼 사이에 빛이 새어 나와서 승객들이 서로 커튼을 끌어 쓰기 위해 갈등 발생	선반, 칸막이 나뉘는 작고 중요한 물건		② 기존 시설이 (커튼. 선반) 제 역할을 못함
기사님 자리에 승객의 위험을 막을 안전장치가 없다	승객이 뒷자리에 앉아 반동을 부림	옆자리 승객이 기대는 것을 막을 방법이 없다	③ 버스 운행 중 사람을 보호할 안전장치가 부족
비오는 날 승·하차시 우산 접고 탈 때 비를 맞음	야간에 승하차가 위험하다.		④ 승·하차시 야간·우천 상황에 대한 대책 부재

[사례] 이슈 확인을 통한 핵심요인 도출

[과제명: ㅇㅇㅇ 센트럴파크 불편 해소]

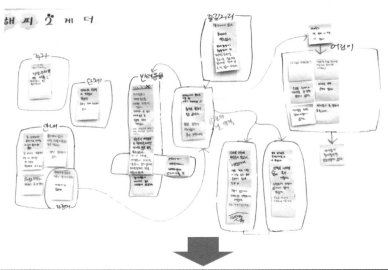

이슈	핵심 요인
1. **공원 방문의 주목적은 산책이다.** 2. 애완동물 관련 서비스가 없다. 3. **길이 어두워서 무섭다.** 4. **공간활용도가 낮다.** 5. **어린이 놀이시설이 부재하다.** 6. **공원 자체 프로그램이 없다.** 7. 그늘이 없다. 8. 자전거 도로 구분이 불분명하다. 9. **표지판이 미흡하다.** 10. 주차장 접근성이 떨어진다. 11. 쓰레기통이 부족하다.	어두운 조명 안전의 위험성 공간의 활용성 어린이를 위한 놀이

⸙ [활용] 5Why 기법

5Why는 말 그대로 why?를 5번 묻는 것입니다.

현장 관찰에서 발견한 여러 이슈들에 대해 5Why를 통하여 핵심 요인이나

근본 원인을 찾아낼 수 있습니다.

문제에 대한 근본적인 원인을 찾기 위해 5번의 질문을 하며 근본적인

원인과 핵심에 대해 구체적으로 파고드는 것이 5Why기법입니다. 5번의

Why를 통하여 겉으로 드러나지 않는 숨겨진 원인을 발견하는 것입니다.

5Why라고 해서 꼭 5번 질문을 해야 하는 것은 아닙니다. 5번 정도를

질문하며 원인을 찾아 낸다는 의미이고, 5번 이상 들어가게 되면 주제에서

벗어날 수 있으므로 5번 내·외가 적당합니다.

〈진행방법〉

1.이슈 도출 : 문제, 관심사 또는 이슈를 찾아 작성합니다.

2.5Why 진행

  - 작성된 이슈를 활용해서 '왜~'라고 질문합니다(Why 1)

  - 질문에 대답하고 대답에 대해 다시 질문합니다(Why 2)

  - 원하는 수준의 대답이 나올 때까지 되풀이 합니다.

3.핵심 요인 도출 : 수집된 정보를 통해 패턴이나 인사이트를 찾아 핵심

요인을 도출합니다.

2.로직 트리를 활용한 핵심요인 도출

로직 트리(Logic Tree)란 주어진 과제에 대해 논리적 연관성이 있는 하부

과제들을 나무모양으로 전개한 것을 말합니다. 다시 말해, 로직(논리)을 트리

모양으로 관련 지어 상호의 인과관계와 크고 작음의 관계를 분명히 하는

것입니다. 이런 과정을 통해 과제의 근본적인 요인을 찾으려는 기법입니다.

[양식] 로직 트리를 활용한 핵심요인 도출

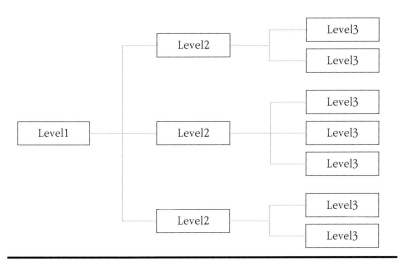

① Level1 : 여정 맵에서 감정곡선이 매우 낮은 부분이나 패턴이 보이는 부분

등 개선 기회가 있는 부분을 기록합니다.

② Level2 : 'Level1은 왜 발생했을까?' 에 대한 질문을 통해 얻어지는 답을

기록 합니다.

③ Level3 : 'Level2는 왜 발생했을까?' 에 대한 질문을 통해 얻어지는 답을

기록 합니다.

[사례] 로직 트리를 활용한 핵심요인 도출

[과제명: 택배 테이프 제거 편리성 향상]

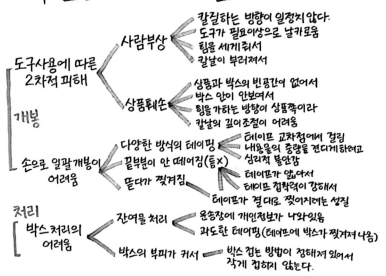

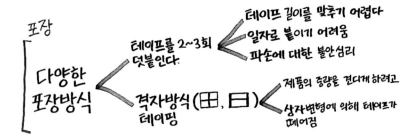

[사례] 로직 트리를 활용한 핵심요인 도출

[과제명: ㅇㅇㅇ 수산시장의 파리 퇴치 방안]

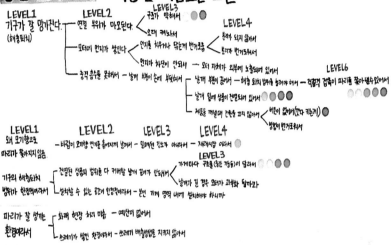

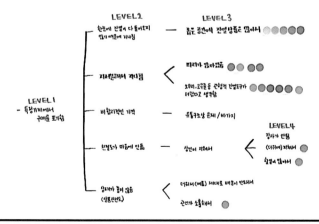

[사례] 로직 트리를 활용한 핵심요인 도출

[과제명: SPA 브랜드 Fitting 편의 개선]

[사례] 로직 트리를 활용한 핵심요인 도출

[과제명: 택배 테이프 제거 편리성 향상]

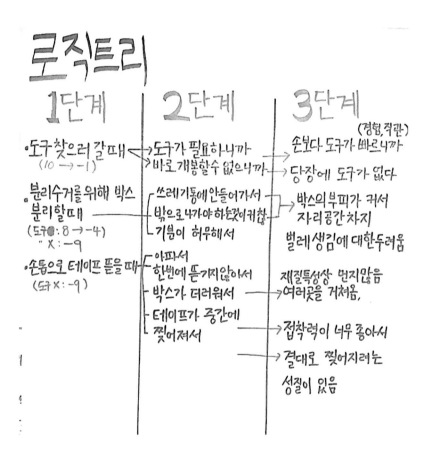

[사례] 로직 트리를 활용한 핵심요인 도출

[과제명: ㅇㅇㅇ 해수욕장 '라이더 안전'을 위한 자전거 도로 개선]

[활용] 로직 트리(Logic Tree)

로직 트리(Logic Tree)는 WHY 트리, HOW 트리, WHAT 트리의 세가지

유형으로 사용할 수 있습니다.

1.WHY 트리 : 문제에서 원인을 찾을 때 사용합니다.

2.HOW 트리 : 과제에서 해결책을 이끌어 낼 때 사용합니다.

3.WHAT 트리 : 구성요소를 분해 할 때 사용합니다.

유형	형태	내용
WHY 트리	문제 ── 원인	"왜?" 이유가 뭐지?
HOW 트리	과제 ── 해결책	"어떻게?" 방법을 어떻게 할까?
WHAT 트리	큰요소 ── 작은 요소	"뭐지?" 분해하면 뭐가 될까?

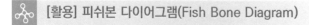

[활용] 피쉬본 다이어그램(Fish Bone Diagram)

피쉬본 다이어그램은 주제와 관련된 여러 가지 원인이나 문제점을 찾아내는 도구입니다. 요인을 세밀하게 분석해서 더 이상 분석할 수 없을 때까지 분석함으로써 모든 원인을 훑어볼 수 있는 도구입니다.

〈진행방법〉

1.주제를 생선의 머리 부분에 적습니다.

2.주제의 요인을 찾습니다.

3.1차 요인은 큰 가시 끝에 적습니다.

4.1차 요인의 세부 요인(2차 요인)은 작은 가시에 적습니다.

5.더 이상 세부 요인이 나오지 않을 때 까지 깊게 진행합니다.

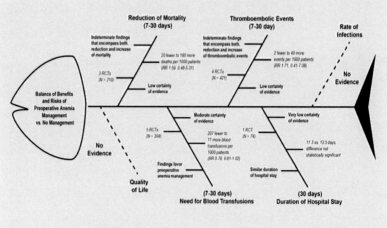

출처:https://link.springer.com/article/10.1186/s12874-017-0452-z

3.핵심요인 선정

이슈 확인 또는 로직 트리를 통해 과제에 대한 요인이 도출되면 가장 하위 Level의 요인들 중 핵심요인은 선정합니다.

[양식] 핵심요인 선정

---

① 핵심요인으로 선정할 기준을 정합니다.

    예) 중요성, 관련성 등

② 도트 스티커로 투표를 합니다.

③ 순위별 3~5개를 선정합니다.

[사례] 핵심요인 도출 선정

도트 스티커로 투표하여 핵심 요인을 선정한 사례입니다.

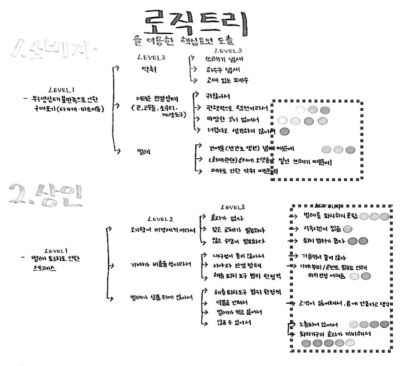

로직 트리의 최하위 내용을 중심으로 핵심 요인을 요약한 사례입니다.

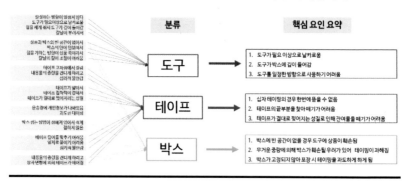

3장 문제 정의하기

최종 문제 정의

최종 문제 정의는 Define의 최종 단계로서 선정된 핵심요인을 바탕으로 진짜
문제를 하나의 문장 형태로 정의하는 단계입니다.

이런 문장의 형태로 만듦으로써 수요자를 좀 더 이해하고 수요자의 관점에서
서비스를 개발하여 좋은 가치를 전달 할 수 있습니다.

선정된 핵심요인에 대해 아래의 내용으로 정리합니다. 두 개 이상의 핵심요인이
같은 성격을 갖고 있다면 묶어서 하나의 목표로 정리 해도 됩니다.

먼저, 3단계로 정리하고 최종적으로 디자인 목표 문장을 완성합니다.

1단계 : 수요자의 입장에서 설명한 대상

✓ 잦은 슬개골 탈구로 고통 받는 소형견 견주

2단계 : 과제의 핵심 요인

✓ 소형견의 근육량

3단계 : 수요자에게 전달할 가치

✓ 반려견과의 건강한 놀이 생활

[최종 문제정의 문장]

"어떻게 하면 잦은 슬개골 탈구로 고통 받는 소형견 견주에게 소형견의

근육량을 늘려 반려견과의 건강한 놀이 생활이 가능하게 할 수 있을까?"

[사례] 최종 문제 정의

[과제명: ○ ○ ○ 해수욕장 '라이더 안전'을 위한 자전거 도로 개선]

1단계(대상) : 갑작스러운 침범과 잦은 제동 환경에 위험을 느끼는 라이더
2단계(핵심 요인) : 공연공간의 설계 미흡(공연공간의 각도 등 재구성 필요)
3단계(가치) : 보행자 침범을 방지하여 활주로처럼 주행하는 것

[최종 문제 정의]
어떻게 하면,
갑작스러운 침범과 잦은 제동 환경에 위험을 느끼는 라이더에게
각도와 공연공간 재구성을 통해, 보행자 침범을 방지하여
활주로처럼 주행하도록 할 수 있을까?

[과제명: 영화관 관리효율 향상 방안]

1단계(대상) : 지역 할인 티켓 발권으로 업무가 과중 된 티켓팅 직원
2단계(핵심 요인) : 기존의 무인 시스템이 할인 대상자 인식 불가
3단계(가치) : 업무 과중 해소를 통한 직원 만족도 향상

[최종 문제 정의]
어떻게 하면,
지역 할인 티켓 발권으로 업무가 과중 된 티켓팅 직원에게
기존 무인 시스템의 할인 대상자 인식을 가능케 하여
근무 만족도를 향상 시킬 수 있을까?"

[사례] 최종 문제 정의

[과제명: 아파트 분리수거 환경 개선]

최종문제정의

1단계 흡연할 때 마땅한 장소가 없어서 눈치를 보는 입주민들

2단계 흡연자와 비흡연자 사이에 적절한 합의 부재 (공간/시선)

3단계 비흡연자와 흡연자 모두 만족할 수 있는 흡연공간

⇒ 어떻게하면 흡연할 때 마땅한 장소가 없어서 눈치를 보는
입주민들에게 비흡연자와 흡연자 모두 만족할 수 있는 흡연공간
을 제공할 수 있도록 흡연자와 비흡연자 사이의 합의 부재를
해결할 수 있을까?

1단계 음식물을 버릴때 비닐을 분리하는 과정에서 악취와 오물로 인해
고통받는 입주민들

2단계 비닐과 음식물을 직접 분리해야 하는 시스템

3단계 신속하고 청결한 음식물쓰레기 배출과정

⇒ 어떻게하면 음식물을 버릴때 비닐을 분리하는 과정에서 악취와 오물로 인해 고통받는 입주민들
에게 신속하고 청결한 음식물쓰레기를 배출할 수 있도록 비닐과 음식물을 직접 분리해야 하는
시스템을 개선할 수 있을까?

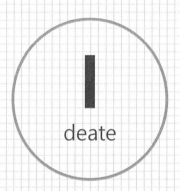

Ideate_아이디어 발상하기

· IDEATE PROCESS ·

브레인스토밍 　　　　　 컨셉 정의 　　　　　 컨셉스케치

아이디어 그룹핑 　　　　　 컨셉 선정

아이디어 발상하기 단계는 문제 정의 단계의 내용을 바탕으로 문제를 해결하기

위한 아이디어를 최대한 많이 발상하여 최종적인 문제해결안의 서비스 컨셉을

확정하는 단계입니다. 아이디어 발상하기 단계에서는 자유롭게 생각을

확장하는 것이 중요합니다. 따라서 다음의 몇 가지 사항을 유의하시면 좋습니다.

1.질보다는 양이 우선입니다. 많은 양의 아이디어가 나중에 좋은 아이디어로 발전할

수 있습니다.

2.다른 팀원의 아이디어를 칭찬해주고 그 아이디어에 추가에서 더 발전된

아이디어로 만들어 냅니다.

3.엉뚱한 아이디어를 제시해 봅니다. 엉뚱한 아이디어가 나중에 위대한 아이디어로

발전할 수 있습니다.

4.다른 아이디어를 묶어 또 다른 아이디어를 만들어 봅니다. 전혀 어울리지 않는

아이디어지만 서로 묶어 보면 새로운 아이디어가 창출 되기도 합니다.

브레인스토밍

브레인스토밍(Brainstorming)은 자유롭고 창의적인 아이디어를 발상하기 위한

방법론입니다, 팀원들이 자연스럽게 아이디어를 제시해 가며 문제의 해결책을

찾아가는 첫 단계이며, 서비스 컨셉 스케치의 바탕이 되는 단계입니다.

브레인스토밍이라는 용어는 알렉스 오스본(Alex Faickney Osborn)의 저서

Applied Imagination으로부터 대중화되었습니다.

1.브레인스토밍의 진행방법

① 문제정의 단계에서 작성된 "어떻게 하면 OOO 할 수 있을까?"라는 최종

  문제 정의 문장을 각각 준비합니다.

② 각각의 문장을 별도의 벽이나 보드에 기록합니다.

  최종 문제 정의 문장이 3개라면 각 3개의 문장을 별도로 기록합니다.

③ 첫 번째 문장을 기초로 하여 문제 해결 아이디어를 자유롭게 제시합니다.

④ 아이디어를 보드에 직접 포스트잇에 적어 붙입니다. 아이디어는 포스트잇

　한 장에 한 개의 아이디어를 기록합니다.

⑤ 각 아이디어에 대해 자유분방에게 토론하며 아이디어를 추가합니다.

⑥ 더 이상 아이디어가 나오지 않으면 다음 문장으로 전환하여

　브레인스토밍을 합니다.

2.IDEO의 DEEP DIVE 브레인스토밍의 7원칙

① Defer judgment 판단은 잠시 미루자

② Encourage wild ideas 엉뚱하고 거친 아이디어도 환영하자

③ Build on the ideas of others 타인의 아이디어에서 힌트를 얻자

④ Stay focused on the topic 주제에 초점을 맞추자

⑤ One conversation at a time 한 번에 한 사람과 대화하자

⑥ Be visual 시각화 하자

⑦ Go for quantity 가능한 한 많은 아이디어를 내자

출처:Tips on Better Brainstorming. (n.d.). OpenIDEO.

🔬 개념이해

deep dive

　IDEO는 의뢰를 받은 즉시 DEEP DIVE라고 불리는 아이디어회의를
실행하게 되는데, "현재 닥친 문제에 완전 몰입하는 브레인스토밍 방식"을
의미합니다.

[사례] 브레인스토밍

[과제명: ○ ○ ○ 쇼핑몰 고객 편의 증대]

마인드 맵을 통한 아이디어 도출 사례입니다.

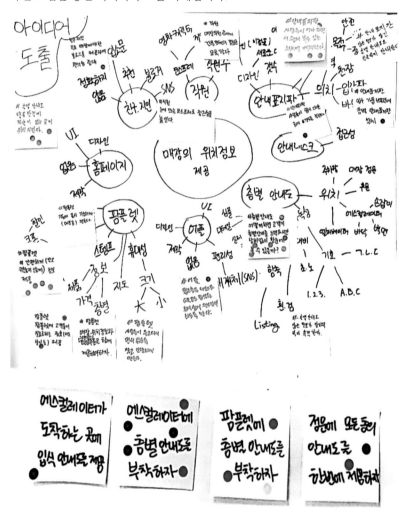

[사례] 브레인스토밍

[과제명: 대학 내 교통 안전]

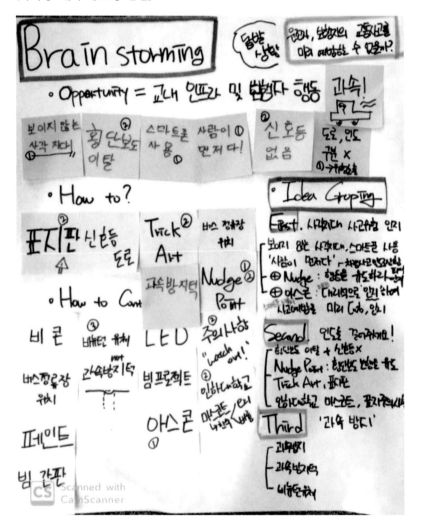

[사례] 브레인스토밍

[과제명: ○○시 관광 활성화]

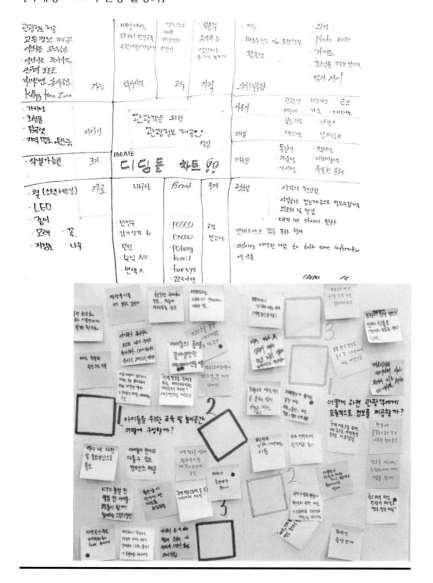

[사례] 브레인스토밍

[과제명: ㅇㅇ시 관광 활성화]

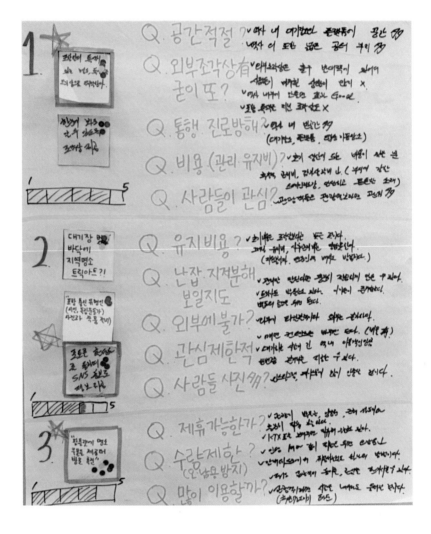

스캠퍼는 일종의 브레인스토밍 기법의 하나로 아이디어를 확장하는 도구입니다.

7개의 키워드로 아이디어를 재구성하고 발전시키는 방법으로 아래의 키워드로 구성되어 있습니다.

아이디어를 초기에 발굴할 때는 브레인스토밍을 활용하여 많은 아이디어를 도출하고, 기본적인 아이디어가 도출된 상태에서 아이디어가 더 이상 나오지 않을 때 스캠퍼를 활용하면 많은 효과를 가져올 수 있습니다.

1.Substitute 대체하기 : 다른 것으로 대체하기(콩고기)

2.Combine 결합하기 : 두 가지 이상의 것을 결합하기(스마트폰, 복합기)

3.Adapt 응용하기 : 다른 목적과 조건으로 응용하기(철조망, 벨크로)

4.Modify 수정하기 : 특성이나 모양을 변형, 축소 등 수정하기

(휴대용 선풍기, 해충 퇴치기)

5.Put to other uses 다른 용도로 사용하기 : 전혀 다른 용도로 사용하기

(포스트잇)

6.Eliminate 제거하기 : 일부를 제거하기(누드 김밥, 오픈카)

7.Reverse 반전하기, Rearrange 재정렬하기 : 순서, 위치, 모양 등을 바꾸거나 재정렬 하기(양면 스캐너)

체크리스트법은 A.Osbome이 개발한 아이디어 발상 도구입니다.

주제에 관련된 항목들을 나열하고 그 항목마다 반드시 아이디어를 생각해

내야하는 '강제 연상법' 입니다.

오즈번의 9가지 체크리스트법 항목은 전용, 응용, 변경, 확대, 축소, 대용,

재배열, 역전, 결합이 있습니다.

아래 내용처럼 9개의 항목에 따른 체크리스트를 만들고 항목별 아이디어를

강제성을 띠고 무조건 도출하는 방법을 사용합니다.

1.전용 : 다른 방법으로 사용할 수는 없을까?

2.응용 : 다르게 응용해 볼 수는 없을까?

3.변경 : 다르게 바꿔보면 어떨까?

4.확대 : 확대 해보면 어떨까?

5.축소 : 축소시켜 보면 어떨까?

6.대용 : 다른 것으로 대용이 가능할까?

7.재배열 : 다른 것을 바꿔 넣어보면 어떨까?

8.역전 : 거꾸로 해보면 어떨까?

9.결합 : 다른 것들과 결합시켜 보면 어떨까?

만다라트는 3x3 매트릭스를 사용하는 아이디어 발상 도구입니다.

아트 디렉터인 이마이즈미 히로아키가 고안 했으며, 가운데 블록에 주제를 쓰고 그것을 둘러싼 8개의 블록에 각각 주제에 관관 있거나 주제와 연결된, 또는 주제로부터 생각나는 것을 써 나가는 방법입니다.

〈진행방법〉

1. 3x3 매트릭스를 그려 가운데 주제를 적고, 떠오르는 키워드를 주변의 빈칸에 적습니다.

2. 8개의 블록을 채워 만다라트를 완성합니다.

3. 8개의 칸이 다 채워지면 끝나지만,

아이디어를 좀 더 원한다면 8개의 블록 중에서 한 가지 키워드를 뽑아 새로운 만다라트를 만들고 같은 방법으로 진행 하면 됩니다.

몸관리	영양제 먹기	FSQ 90kg	인스텝 개선	몸통 강화	축 흔들지 않기	각도를 만든다	위에서부터 공을 던진다	손목 강화
유연성	몸 만들기	RSQ 130kg	릴리즈 포인트 안정	제구	불안정 없애기	힘 모으기	구위	하반신 주도
스태미너	가동역	식사 저녁7술갈 아침3술갈	하체 강화	몸을 열지 않기	멘탈을 컨트롤	볼을 앞에서 릴리즈	회전수 증가	가동력
뚜렷한 목표·목적	일희일비 하지 않기	머리는 차갑게 심장은 뜨겁게	몸 만들기	제구	구위	축을 돌리기	하체 강화	체중 증가
핀치에 강하게	멘탈	분위기에 휩쓸리지 않기	멘탈	8구단 드래프트 1순위	스피드 160km/h	몸통 강화	스피드 160km/h	어깨주변 강화
마음의 파도를 안만들기	승리에 대한 집념	동료를 배려하는 마음	인간성	운	변화구	가동력	라이너 캐치볼	피칭 늘리기
감성	사랑받는 사람	계획성	인사하기	쓰레기 줍기	부실 청소	카운트볼 늘리기	포크볼 완성	슬라이더 구위
배려	인간성	감사	물건을 소중히 쓰자	운	심판을 대하는 태도	늦게 낙차가 있는 커브	변화구	좌타자 결정구
예의	신뢰받는 사람	지속력	긍정적 사고	응원받는 사람	책읽기	직구와 같은 폼으로 던지기	스트라이크 볼을 던질 때 제구	거리를 상상하기

출처:https://tong.joins.com/archives/15633

아이디어 그룹핑

아이디어 그룹핑(Grouping)은 많은 아이디어를 유사한 내용별로 묶어 컨셉을 정의하는 방법론입니다.

포스트잇에 기록되어 있는 아이디어를 보드에서 떼어 유사한 기회요인을 가진 아이디어별로 모아 다시 붙여서 그룹핑을 합니다.

유사한 기회요인을 갖는다는 것은 단순한 물리적인 특징 등이 유사하다는 것이 아니라, 본 아이디어가 상품이나 서비스로 개발될 때 최종 결과물의 컨셉이 유사하다는 것입니다.

아이디어 컨셉 정의

아이디어 컨셉 정의는 그룹핑 된 아이디어의 컨셉을 확정하는 방법론입니다 묶음의 상단에 컨셉의 이름을 정하여 기록합니다.

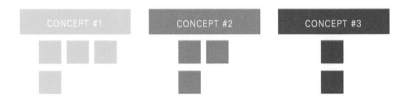

[사례] 아이디어 그룹핑

[과제명: 공원 반려견 놀이터 개발]

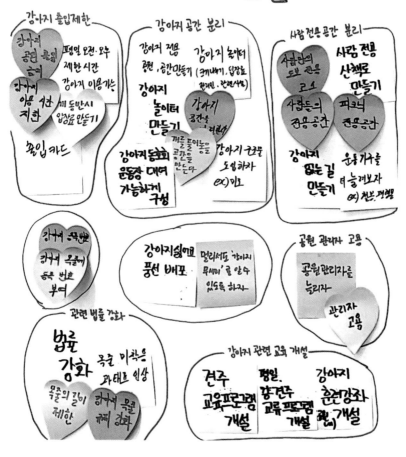

[사례] 아이디어 그룹핑

[과제명: 커피숍 트레이 과적 해소]

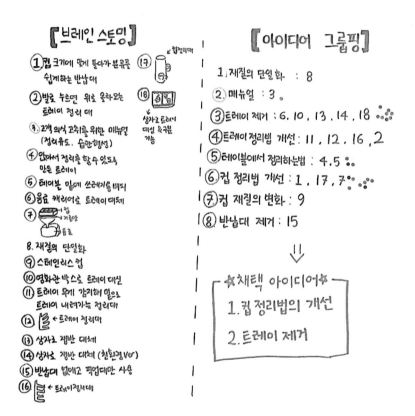

[브레인 스토밍]

①컵 크기에 맞게 통아가 분류를 쉽게하는 반납대
②발로 누르면 위로 올라오는 트레이 정리대
③고객 의식 고취를 위한 매뉴얼 (정리유도. 습관형성)
④앉아서 정리를 할수 있도록 앉는 트레이
⑤테이블 밑에 쓰레기통 배치
⑥음료 캐리어로 트레이 대체
⑦
8. 재질의 단일화
⑨스테인리스 컵
⑩영화관 박스로 트레이 대신
⑪트레이 무게 감지해 밑으로 트레이 내려가는 정리대
⑫ ←트레이 정리대
⑬상자로 쟁반 대체
⑭상자로 쟁반 대체 (친환경V✓)
⑮반납대 옆에고 픽업대만 사용
⑯ ←트레이정리대
⑰ 합쳐리대
⑱ 상자로 트레이 대신 &규봄 가능

[아이디어 그룹핑]

1. 재질의 단일화 : 8
②.매뉴얼 : 3.
③트레이 제거 : 6. 10. 13. 14. 18
④트레이 정리법 개선 : 11. 12. 16. 2
⑤테이블에서 정리하는법 : 4. 5.
⑥컵 정리법 개선 : 1. 17. 7.
⑦컵 재질의 변화 : 9
⑧반납대 제거 : 15

⇓

┌─ ✿채택 아이디어✿ ─
│ 1. 컵 정리법의 개선
│ 2. 트레이 제거
└─

아이디어 컨셉 선정

아이디어 컨셉 선정은 정의된 여러 컨셉 중에서 효과도 좋고 실행하기도 좋은

컨셉을 선정하는 방법론입니다.

이 단계에서 선정되는 컨셉이 앞으로 프로토타입으로 만들어지고, 실제

제품이나 서비스 등으로 발전되는 것입니다.

Dot Voting을 통하여 1~3개 정도의 컨셉을 선정합니다.

선정 단계에서는 먼저 선정기준을 정하는 것이 중요합니다. 보통 선정 기준은

상황에 따라 다르지만 ①효과성 ②중요성 ③시급성 ④예산 ⑤적합성 ⑥

실행가능성 등의 기준 중에서 3개 정도를 선택하여 사용합니다.

각자 도트 스티커를 몇 개씩 나눠 갖고 정해진 기준에 따라 1개에서 3개 정도의

스티커를 붙여 투표를 합니다..

그 중에서 도트 스티커가 가장 많이 붙어있는 순으로 필요에 따라 앞으로

실행할 1~3개의 컨셉을 선정합니다.

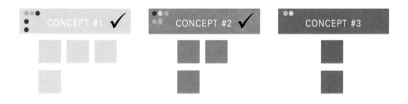

[사례] 아이디어 컨셉 선정

[과제명: ○○○ 쇼핑몰 매출 증대]

아이디어 선정 시 효과성과 실현성을 기준으로 大/中/小로 점수를 부여하여

아이디어 채택을 한 사례입니다.

편안한 환경

핵심원인 (핵심이슈)	해결안	효과성	실현성	채택여부
대기 시선 의 불 편 함 │ 부 족 한 좌 석 수	대기시간 배정용의 차이 두기	小		
	평화로운 소리 듣기	小		
	기둥을 이용한 스탠딩 좌석	太	大	○
	빨대 보관대 아일랜드식 빼기	太	大	○
	접이식 대기석	中		
	벽마다 파이프의자 설치 (노약자)	太	大	○
	소파 침대			
	쓰레기통 수	中		
	프라이버시			
	자유 이용			
	족욕탕물			

효율적인 시간

핵심원인 (핵심이슈)	해결안	효과성	실현성	채택여부
지 루 함	VR게임 (VR 오락실) 제공	太	小	
	스크린 이용 / 핸드폰 연결을 통한 대형스크린 거기서득 실시간 채팅	小		
	벽화 그리기	中		
	소량을 가게설리	小		
불 안 함	테이블에 돌림판 (보드게임) 제공	太	大	○
	소원나무 (티켓 걸어) 제공 & 추첨	中		
	방문자 기능용 자율의 설치소 제공	中		
	포스터 조형물 특화 포토존 제공	太	中	
	폴라로이드 포토 서비스 제공	中		
	드라이트 (영화관관 컨텐츠) 스팟 제공	太	大	○
	팝콘통 단짠면 & 바깥면 과즐자 제공	中		
기 다 림	티켓 팔찌 (기념용)	小		
	방명록게시판 (티켓 & 소감기록)	小		
	영화시간 알림 / 어플 관련 안내문 제공 열림 컨텐츠 제공 전단 팔찌 제공	太	中	
	돌림판 이벤트 제공	小		

[활용] Fist To Five

Fist To Five는 여러 개의 아이디어 중 우선순위를 결정하는 데 있어 지지 or 동의 정도를 손가락 수로 표시하는 일종의 Multi-Voting 도구입니다. 손가락 만을 사용하여 집계하므로 간편하고 쉽게 사용 가능하다는 장점이 있습니다.

〈진행방법〉

1. 리더는 우선순위를 결정해야 할 아이디어를 제시합니다.

2. 리더는 아이디어에 대한 지지 or 동의 정도를 손가락 수로 표시하도록 요청합니다. 한 손만 허용하여 손가락은 최대 5개입니다.

3. 리더는 각 아이디어에 대해 팀원들의 손가락 수량을 집계하여 아이디어 옆에 기재합니다.

4. 최종 아이디어 까지 집계가 끝나면, 점수가 높은 것부터 순위를 표시합니다.(5개의 아이디어를 원하면 5위 까지만 선정)

5. 동점으로 원하는 순위가 초과하면 동점인 최종 순위의 아이디어만 다시 진행합니다.

6.손가락 수에 대한 의미부여

　1개(강한 부정),　2개(약한 부정),　3개(중간),

　4개(약한 긍정),　5개(강한 긍정)

NUF Test는 발굴된 아이디어를 빠르게 평가하는 도구로서 아이디어를 선정할 때 활용합니다.

NUF(New, Useful, Feasible)의 3가지 기준으로 평가하게 됩니다.

1.New : 해당 아이디어의 기존 존재여부 등 아이디어의 신선함에 기준을 두고 평가합니다.

2.Useful : 해당 아이디어의 과제 해결 가능성에 기준을 구고 평가합니다.

3.Feasible : 해당 아이디어의 실현 가능성에 기준을 두고 평가 합니다.

	NEW	USEFUL	feasible
promotional bat·mobile	7	2	6 = 15
Facebook Group	Ø	3	10 = 13
Austin bat tours	Ø	6	8 = 14
guano fertilizer	8	9	5 = 22
sponsors for bat colonies	10	4	1 = 15

출처:https://www.sessionlab.com/methods/nuf-test

[활용] Matrix 사고에 의한 의사결정

Matrix 사고는 서로 다른 두 개의 관점을 이용하여 분류하는 것을 말합니다. 이 때, 두 개의 관점은 서로 갈등관계로 네 분면이 뚜렷한 특징을 가지고 있어야 합니다.

1.아이젠하워 Matrix : 중요성과 시급성으로 평가합니다.

구분	시급성 낮음	시급성 높음
중요성 높음	②-③ 순위	① 순위
중요성 낮음	④ 순위	②-③ 순위

2.Pay-off Matrix : Value(효과, 가치)와 Input(투입, 비용)으로 평가합니다.

구분	Input 큼	Input 적음
Value 큼	②-③ 순위	① 순위
Value 적음	④ 순위	②-③ 순위

아이디어 컨셉 스케치

아이디어 컨셉 스케치(Sketch)는 아이디어를 시각화 하여 팀원들간의 의사소통 및 협력을 촉진할 수 있는 방법론입니다. 특히,컨셉을 시각화 하여 팀내에서 서로의 생각을 빠르고 쉽게 이해할 수 있도록 만들고, 수정할 수 있게 합니다.

컨셉 스케치는 선정된 각 컨셉 1개에 스케치 1장을 작성합니다.

① 컨셉명 : 컨셉 제목을 잘 알아볼 수 있도록 한 문장으로 작성합니다.

② 컨셉 설명 : 컨셉이 어떤 의미를 갖는지 설명합니다.

③ 컨셉의 장·단점 : 컨셉이 갖고 있는 장점과 단점을 작성합니다.

[양식] 컨셉 스케치

• 컨셉명 :

	• 컨셉 설명
	• 컨셉 장점
	• 컨셉 단점

[사례] 아이디어 컨셉 스케치

[과제명: 커피숍 트레이 과적 해소]

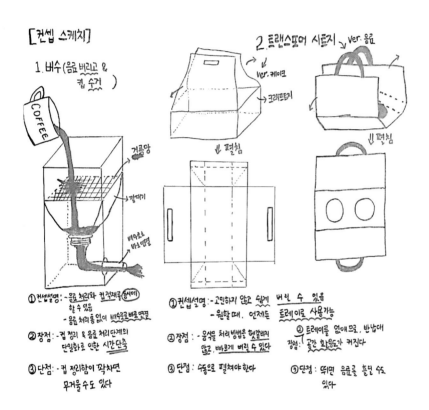

[컨셉 스케치]

1. 배수(음료 버리고 &
   컵 수거)

2. 트랜스폼머 시트지 ver.음료
   ver.케이크
   크래프트지

① 컨셉설명: - 음료 처리와 컵 적재를 동시에
             할 수 있음
           - 음료 처리 등 없이 배수구로 바로 연결

② 장점: - 컵 정리 & 음료 처리 단계의
         단일화로 인한 시간단축

③ 단점: - 컵 정리함이 꽉차면
         무거울 수도 있다

① 컨셉설명: - 고민하지 않고 쉽게 버릴 수 있음
           - 원할 때, 언제든 트레이로 사용가능

② 장점: - 음식물 처리 방법을 헷갈리지
         않고, 빠르게 버릴 수 있다

③ 단점: - 수동으로 펼쳐야 한다

① 트레이를 없애므로, 반납대
장점: 공간 활용도가 커진다

③ 단점: 뗘면 음료를 흘린 수도
         있다

[사례] 아이디어 컨셉 스케치

[과제명:] 가족중심의 캠핑 여가 활동]

[사례] 아이디어 컨셉 스케치

[과제명: 1인 가구 편의 개선]

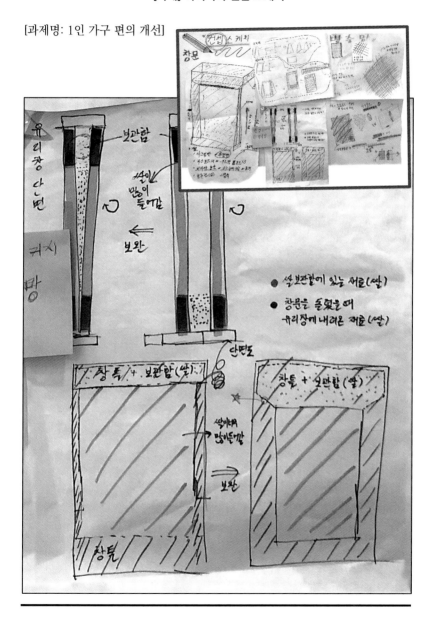

[사례] 아이디어 컨셉 스케치

[과제명: 우산 빗물 제거]

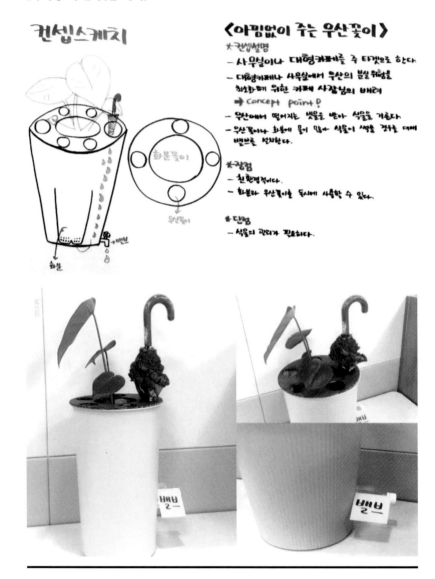

컨셉스케치

〈아낌없이 주는 우산꽂이〉

* 컨셉설명
- 사무실이나 대형카페를 주 타겟으로 한다.
- 대형카페나 사무실에서 우산의 분실 위험을 최소화하기 위한 카페 사장님의 배려
  ⇒ Concept point?
- 우산에서 떨어지는 빗물을 받아 식물을 기른다.
- 우산꽂이나 화분에 물이 많아 식물이 썩을 경우를 대비해 밸브를 설치한다.

* 장점
- 친환경적이다.
- 화분과 우산꽂이를 동시에 사용할 수 있다.

* 단점
- 식물의 관리가 필요하다.

[사례] 아이디어 컨셉 스케치

[과제명: 대형마트 폐기 식재료 저감]

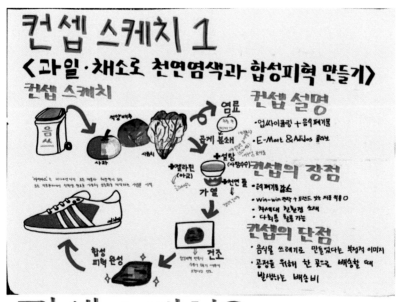

[과제명: 택배 테이프 제거 편리성 향상]

한약 봉지 뜯는 원리와
테이프가 결대로 찢어지는 성질에서
아이디어 착안

[사례] 아이디어 컨셉 스케치

[과제명: 인천국제공항의 새로운 변화]

인천국제공항에서 외국인들이 바로 표지판을 볼 수 있도록 유도하는 아이템을

컨셉 스케치 한 사례입니다.

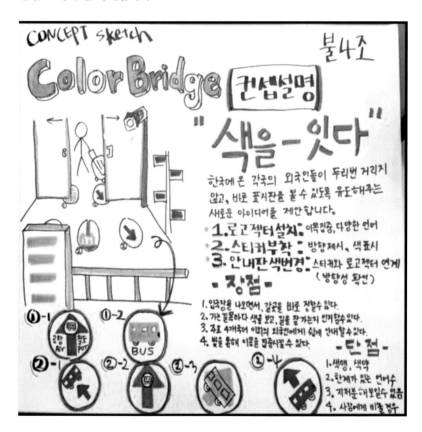

[사례] 아이디어 컨셉 스케치

[과제명: 대학 내 교통 안전]

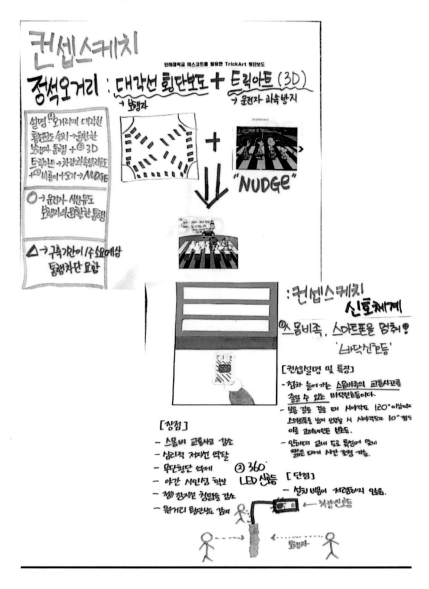

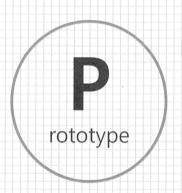

P

rototype

Prototype_프로토타입 만들기

프로토타입 만들기 단계는 수요자에게 서비스의 경험(테스트)을 제공하여

수요자의 반응을 관찰하고, 의견을 듣기 위해 컨셉 스케치로 그려진 아이디어를

시각화 하기 위한 방법론입니다.

공간, 물건, 인터페이스, 스토리보드 등 아이디어를 표현 할 수 있는 모든 것을

활용할 수 있습니다. 프로토타입은 완벽할 필요는 없으며, 고객과 의사소통을 할

수 있는 최소한의 수준이면 됩니다. 그래서, 빠르고 값싸게 제작하여 시행착오를

반복하며 수정 및 보완을 통해 실제 상품이나 서비스를 만들어 가는 것입니다.

주변에서 프로토타입의 사례를 찾아 본다면, 아파트 분양을 하는 모델하우스가

좋은 사례입니다. 아파트를 분양 받기 전, 미리 아파트 단지의 외부 모습과 건물

내부의 모습을 확인하는 것이 중요한데, 모델하우스에 가 보면 모형과 실물

크기로 구현해 놓아서 만져 보기도 하고 사용해 보기도 하며 분양을 결정하는데

많은 도움을 받게 됩니다.

아래의 사진은 프로토타입을 모형의 형태로 제작할 때의 모습입니다. 액자, 흑미,

글루건, 우드락폼 등 다양한 재료를 사용하여 저렴한 비용으로 빠르게 제작을

합니다.

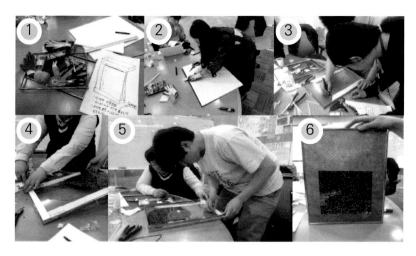

[사례] 프로토타입 만들기

[과제명: 대형마트 폐기 식재료 저감]

프로토타입을 만들기 위해 염료를 추출하는 실험을 하는 사례입니다.

[사례] 프로토타입 만들기

[과제명: Silver Zone 기능 활성화]

실버존에서 횡단보도롤 사용하는 보행자와 센서 방지턱에서 규정속도로

이동하는 차량의 프로토타입 사례입니다.

[사례] 프로토타입 만들기

[과제명: ○○로 골목 상권 재건]

종이 등을 사용하여 상가의 모습을 구현한 사례입니다.

5장 프로토타입 만들기

[사례] 프로토타입 만들기

[과제명: ㅇㅇ로 골목 상권 재건]

골목 상권의 흐름도를 제작한 사례입니다.

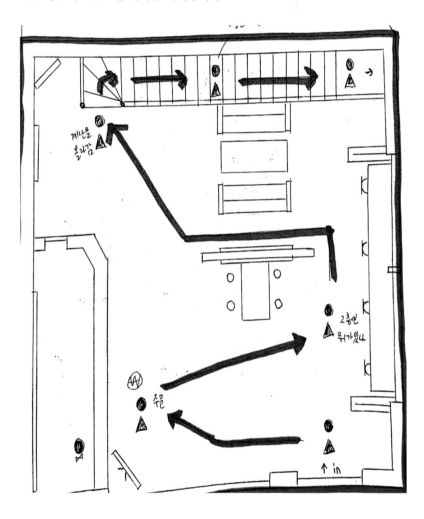

[사례] 프로토타입 만들기

[과제명: 버스 승차 성공률 향상]

스마트폰 어플로 제작한 사례입니다.

⚛ [활용] Prototype_목업(Mock-UP)

목업은 Prototype을 실물 크기의 모형으로 제작하는 것입니다. 실제 서비스를 위한 공간과 제품의 규모를 알 수 있는 장점이 있습니다.

또한, 실제 출시될 제품의 디자인을 미리 경험함으로써 수정 보완해야 할 부분을 발견할 수 있습니다.

아래의 이미지는 BMW 출시를 앞 두고 미리 실물의 디자인을 알아 볼 수 있는 실물 크기의 목업 사례입니다.

출처:https://www.press.bmwgroup.com

과제를 수행할 때 실물 크기를 축소한 모형의 형태로 제작하는 것도 좋은 방법입니다.

페이퍼 프로토타입은 Prototype 제작 방법 중에서 가장 빠른 방법으로 서비스의(상품)의 전체적인 컨셉을 잘 보여줍니다. 수요자들이 최종 서비스에 대한 실물은 볼 수 없지만 자유롭게 의견을 제시하며 발전시키는데 장점을 갖고 있습니다.

페이퍼 프로토타입을 간단히 설명해보면, 종이에 상품/서비스의 흐름 및 모양을 그림과 설명으로 나타내는 것입니다.

아래의 이미지는 모바일 구성 요소가 포함 된 스마트워치 응용 프로그램의 페이퍼 프로토타입 사례입니다.

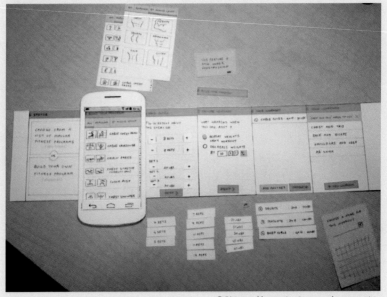

출처:http://aaronbrako.com/prototyping

[활용] Prototype_데스크탑 워크스루(Desktop Walkthrough)

데스크탑 워크스루는 서비스 환경을 축소하여 전체 과정이나 특정한 상황을 쉽게 파악할 수 있도록 모형으로 만드는 것입니다. 장난감이나 블록 등을 이용하여 제작할 수도 있고, 종이나 기타 여러가지의 재료를 사용하여 직접 프로토타입을 만들어서 시뮬레이션 합니다.

참여자들에게 흥미롭고 편안한 환경을 만들어 주고 설명과 함께 시뮬레이션을 진행하며 수요자들의 의견을 청취하고 개선합니다.

아래의 이미지는 장난감을 이용하여 Role Play(역할극)을 하며 서비스의 흐름을 시뮬레이션 하며 설명하는 사례입니다.

출처:https://sidlaurea.com

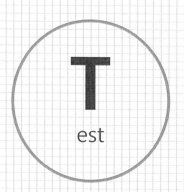

Test_수요자 테스트 하기

수요자 테스트 하기 단계는 프로토타입으로 만들어진 최종 결과물을

수요자에게 설명하고, 수요자의 진솔한 의견 청취를 통해 수정, 보완하기 위한

방법론입니다.

프로토타입을 만들 때는 '내가 맞다' 라고 생각하며 만들어보고, 수요자

테스트를 할 때는 '내가 틀렸다' 라는 생각으로 임해야 합니다. 그래야 수요자의

이야기를 진솔하게 들을 수 있으며 고객을 깊이 이해할 수 있습니다. 이 단계를

통해 해결책을 정제하고 서비스나 제품을 발전 시킬 수 있습니다.

프로토타입에 대한 설명할 때 나의 의견을 강조하거나 강요하지 않고 진솔한

의견을 청취하는 것임을 명심해야 합니다. 또한, 테스트 과정에서 수요자에게

프로토 타입을 사용할 기회를 주는 것이 좋습니다, 가능하다면 설명보다는

체험이 효과적이며, 체험을 통해 발생하는 수요자의 의견을 통해 좋은 서비스를

만들 수 있습니다.

수요자 테스트 하기를 마치고 나면 수요자의 의견을 반영하여 다시 프로토타입을 제작하거나 이전 단계로 돌아가게 됩니다. 되돌아 간 단계부터 다시 한 번 살펴보고 보완하여 프로토타입을 다시 만듭니다. 여러 번 테스트 단계를 반복 진행하여 수요자가 만족할 수 있는 최종 제품을 만드는 것이 과제의 마지막입니다.

수요자 테스트는 4분면 테스트로 진행을 합니다. 4분면 테스트는 수요자에게 받은 피드백을 한 눈에 살펴 볼 수 있고, 효과적으로 분류하여 개선 사항을 발견하는데 좋은 방법론입니다.

① (우상)에 고객의 피드백 내용 중 "고객이 싫어한 것"을 정리합니다.

② (좌상)에 고객의 피드백 내용 중 '고객이 좋아한 것'을 정리합니다.

③ (좌하)에 테스트 과정 중 '새로 발생한 질문'을 정리합니다.

④ (우하)에 피드백 과정 중 '새로 얻은 아이디어'를 정리합니다.

⑤ 4분면의 내용을 토대로 배운 점과 향후 활동 계획을 토론하고 작성합니다.

[양식] 4분면 테스트 (4 Quadrant Test)

② 고객이 좋아한 것	① 고객이 싫어한 것
③ 새로 발생한 질문	④ 새로 얻은 아이디어

[사례] 수요자 테스트 하기

[과제명: Silver Zone 기능 활성화]

현장에서 수요자 테스트를 하는 장면과 4분면 테스트, 종합 정리 사례입니다.

운전자

1. 어떤점이 만족스러운가요?

진입차단봉   사고방어 가능
횡단보도 LED신호   스마트폰 사용하며 바닥보는 사람들로
                운전자 입장에서도 사고 예방
평면속도 표시제   속도에 대한 경각심 줄 수 있음
                (예 : 고원식 도로에서의 화면 가능)

2. 어떤점이 불편하신가요?

파크렛   아 밑은 도로에서는 보행자를 막고 정체되니 원인 될까
        혼잡 따르는게 걸려서 리스크는 재보임
        운전자 입장에서는 차선 바뀌는 혼잡함을 해소 급증

실버체어   잘 이루어지지 않은 것 같음

센서방지턱   가랑데미 흙을성에 의존 , 파손위험 요 오류가능성

3. 이런 아이디어가 좋겠구나?

고원식 횡단보도 노면표시 색깔을 형녀택건지 화살되게
               횡사인차는 할 때 방어택건지의 모두의

차단봉을 센서방지턱...

노인

1. 어떤점이 만족스러운가요?

파크렛의 쉼터   거동이 불편한 노인들에게 매우 좋을것
실버체어   노면들에게는 잠시 쉬어갈 쉴 수있는 공간
                            있네요

고원식 횡단보도 인도와 높아서 보행보조도구 (실버체어)
               사용하는 노인들이 횡단신호가 경사면에서
               넘어져 사고로 예방할 수 있음

2. 어떤점이 불편한가요?

실버체어   오히려 빗겨가 뒤 통행에 방대 될 수 있음
         때때로 횡단보도와 거리를 두고 설치하는 것이 맞음

파크렛   차량 운행에 방해 될 듯

3. 이런아이디어가 좋겠구나?

```
                    ✓ "피드백 결과"

            1. 고원식 횡단보도
                 보행의 편리함과 안전성이 증대될 것을 기대
            2. 실버체어
                 보행 중 휴식 공간 제공
            3. 횡단보도 LED 신호
                 보행자와 운전자에게 시각적인 효과 증대

          ✦ 실버존의 기능 활성화를 위해, 제안된 아이디어를 바탕으로
            노인들의 안전한 보행과 운전자들의 실버존 인지 및 차량 감속 효과를 기대
```

[사례] 수요자 테스트 하기

[과제명: 소형 반려견의 슬개골 탈구 방지]

반려견 무빙 노즈워크 개발에 대한 수요자 테스트 사례입니다.

현장 테스트 결과 – 무빙 노즈워크

어떤점이 만족스러운가요?

-강아지의 흥미를 끔

-부피를 많이 차지하지 않고 여러곳에 설치가 가능하다

어떤점이 불편한가요?

-장난감이 잘 움직이지 않는다

-간식이 없을 때 관심 없다

어떤 질문을 해야겠다

-사용해본 용품은 어떤 것 같나요?

-반려견이 지속적으로 움직이는데 도움이 될 거 같나요?

-어떤 부분이 개선 되어야 할 것 같나요?

-만약 이 용품이 출시 된다면 구매하여 사용할 의사가 있나요?

이런 아이디어가 좋겠다

-장난감이 더 잘 움직여 강아지의 움직임이 더 많아 지면 좋겠다

-간식 외 강아지의 후각, 청각을 자극하는 것을 장난감 안에 넣는다

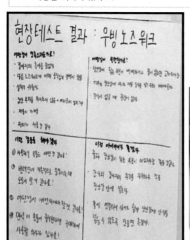

[사례] 수요자 테스트 하기

[과제명: 1인 가구 편의 개선]

개선된 창호의 프로토타입을 현장에 테스트 한 사례입니다.

〈수요자의 주요 반응?〉

• 기존 창문과 달리 커튼 없이 사생활 보호가 가능하다는 것에 흥미를 느낌

• 창문을 개폐하는 방식을 달리한 것을 신기해 함

• 최근 미세먼지에 대한 인식이 모두 높아져 관심을 갖음

[사례] 수요자 테스트 하기

[과제명: ㅇㅇ로 골목 상권 재건]

현장 테스트 · 꿈틀로 - 예술가

Q1. 전시회에 작품을 전시하신 경험이 있으신가요?

| 30% | 70% |

Q2. 만약에, 용당로에 전시회나 갤러리 카페 등을 조성한다면 전시하실 생각이 있으신가요?

| 68% | 32% |

Q3. 용당로에 위치한 화방에서 미술재료를 구매하신적이 있으신가요?

| 40% | 60% |

Q4. 용당로에 화방이 더 생긴다면 자주 방문하실 의향이 있으신가요?

| 67% | 33% |

■ YES ■ NO

[사례] 수요자 테스트 하기

[과제명: ○ ○ ○ 쇼핑몰 고객 편의 증대]

투표를 활용한 수요자 테스트 사례입니다.

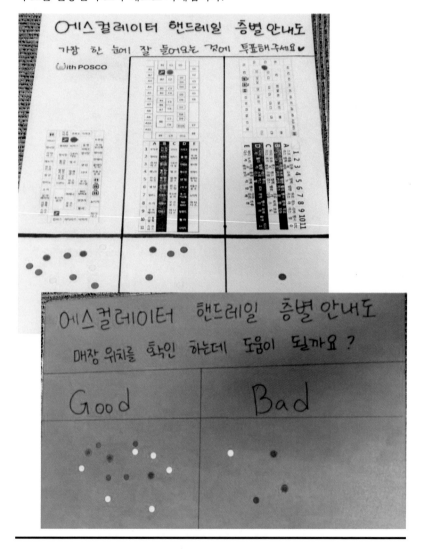

수요자 테스트 하기를 마치고 나면 수요자의 의견을 반영하여 다시

프로토타입을 제작하거나 이전 단계로 돌아가게 됩니다.

프로토타입 단계로 되돌아 가는 것을 가정한다면, 만들어진 프로토타입을 다시

한 번 살펴보고 문제점을 개선한 후, 개선점을 반영한 프로토타입을 다시

만듭니다.

이런 방식으로, 어느 단계이든 필요한 단계로 되돌아가 수정하며 시행착오를

반복하면서 좋은 서비스를 만드는 것입니다.

여러 번 테스트 단계를 반복 진행하여 수요자가 만족할 수 있는 최종 제품을

만드는 것이 과제의 마지막입니다.

작가의 말

우리는 Design Thinking 과제를 통해 고객이 원하는 가치를 만들어 가는
과정을 함께 해 보았습니다.

과제 수행을 하다 보면 '내 생각대로 간단히 하면 될 것을 무엇 때문에 이렇게
복잡하게 하지?'라는 의구심이 들 때도 있습니다. 그러나 우리가 무언가 배우며
성장한다는 것은, 누군가 정말 잘 하고 있는 것을 그대로 따라 해보는 것에서
출발합니다.
일단은 천천히 따라 해 보며 방법을 학습하시길 권해 드립니다. 혼자서도 잘 될
때까지 학습하고 훈련을 한 다음, 실제 과제를 할 때는 너무 형식에 얽매이지
말고 자유롭게 진행하면 좋을 것 같습니다.

본 Design Thinking Project Guide를 참고하여 독자분들의 과제 수행에서
좋은 성과를 거두기 바랍니다.